BEIHEFTE ZUM ZENTRALBLATT FÜR GEWERBEHYGIENE
UND UNFALLVERHÜTUNG
HERAUSGEGEBEN VON DER DEUTSCHEN GESELLSCHAFT FÜR ARBEITSSCHUTZ
IN FRANKFURT A. M., HOHENZOLLERN-ANLAGE 49
BEIHEFT 27

Die Be- und Entlüftung des Normalarbeitsraumes

Im Auftrag des Technischen Ausschusses
der Deutschen Gesellschaft für Arbeitsschutz

bearbeitet von

Dipl.-Ing. Dr. rer. pol. **W. Wietfeldt**
Gewerberat in Berlin

Mit 92 Textabbildungen

Berlin
Verlag von Julius Springer
1937

ISBN 978-3-642-94131-3 ISBN 978-3-642-94531-1 (eBook)
DOI 10.1007/978-3-642-94531-1

Vorwort.

In der Erkenntnis, daß eines der wichtigsten und zugleich der schwierigsten Probleme der gesundheitsgemäßen Arbeitsgestaltung die Gestaltung des Raumklimas bildet, entschloß sich der Technische Ausschuß der Deutschen Gesellschaft für Arbeitsschutz, der Behandlung dieser Frage seine besondere Aufmerksamkeit zuzuwenden. Es wurde für zweckmäßig gehalten, die Bearbeitung des Themas zunächst auf Be- und Entlüftungsfragen des Normalarbeitsraumes, d. h. des Arbeitsraumes, in dem keine über das allgemeine Maß hinausgehenden Mengen von Staub, Dämpfen und Gasen entstehen, abzustellen. Das Ziel dieser Arbeit sollte die Abfassung einer für alle Gewerbezweige gültigen allgemein verständlichen Schrift sein. Herr Gewerberat Dr. Wietfeldt als besonderer Sachkenner dieses Gebietes wurde um Übernahme der federführenden Bearbeitung einer solchen Schrift gebeten. Es sei ihm für seine mühevolle Arbeit, sowie allen denjenigen, die ihn durch Bereitstellung von Anschauungsmaterial unterstützt haben, hiermit besonders gedankt.

Frankfurt a. M. und Berlin, im April 1937.

Deutsche Gesellschaft für Arbeitsschutz

Der Leiter des Technischen Ausschusses:

Gg. Seebauer.

Gliederung.

Schrifttum.

a) Bücher: Rietschel, Heiz- und Lüftungstechnik. Berlin: Julius Springer 1934. — Die Lüftung von Aufenthalts- und Versammlungsräumen. Zusammengestellt von Dipl.-Ing. Herrm. Behrens. Berlin: Verlag des Kuratoriums der Ztschr. „Heizung u. Lüftung" 1933. — Wiessmann, Die Ventilatoren, Berechnung, Entwurf und Anwendung. Berlin: Julius Springer 1930. — Mode, Ventilatorenanlage. Berlin-Leipzig: de Gruyter & Co. 1931. — Kastner, Luftbefeuchtungsanlagen. München: Oldenburg 1931. — Silberberg, Luftbehandlung in Industrie- und Gewerbebetrieben. Berlin: Julius Springer 1932. — Hottinger u. Gonzenbach, Heiz- und Lüftungsanlagen in den verschiedenen Gebäudearten. Berlin: Julius Springer 1929. — Grubenmann, Ix-Tafeln feuchter Luft. Berlin: Julius Springer 1926. — Körting, Heizung und Lüftung. Berlin: Sammlung Göschen 1935.

b) Zeitschriften: Reichsarb.bl. — Zbl. Gewerbehyg. — Gesdh.ing. — VDI.-Ztschr. — Maschinenbau, der Betrieb. — Dtsch. Techniker. — Arch. Wärmewirtsch. u. a.

I. Allgemeine Grundlagen der Lüftung.

Bevor wir uns der technisch-praktischen Seite der Lüftungsfrage zuwenden, ist es zum Verständnis des ganzen Problems notwendig, einige Ausführungen über grundlegende Zusammenhänge vorauszuschicken.

1. Rechtliche Grundlagen und Aufsicht über die Durchführung des Gesundheitsschutzes in Betrieben.

Die Lüftung von Arbeitsräumen fällt in das Gebiet des betrieblichen Gesundheitsschutzes. Zur Durchführung der hierfür erforderlichen Maßnahmen sind die Unternehmer gemäß § 120a—c der RGO., § 848ff. der RVO., § 618 BGB. und § 62 HGB. verpflichtet. Die Aufsicht über die Durchführung der den Unternehmern nach § 120a—c der RGO. obliegenden Pflichten auf dem Gebiete des Gesundheitsschutzes ist nach § 139b RGO. neben den Ortspolizeibehörden besonderen Beamten (Gewerbeaufsichtsbeamten) übertragen, denen in Ausübung ihres Dienstes alle amtlichen Befugnisse der Ortspolizeibehörden, insbesondere das Recht jederzeitiger Revision während des Betriebes zustehen. Die Gewerbeaufsichtsbeamten haben sich auf der Grundlage eines gediegenen Wissens im Laufe der Jahrzehnte diejenigen Erfahrungen angeeignet, die zur Ausübung einer erfolgreichen Tätigkeit auf dem Gebiete des betrieblichen Gesundheitsschutzes unerläßlich sind. Ihre Aufgabe liegt in erster Linie in der Beratung und Aufklärung der Unternehmer über Betriebsgefahren und deren wirksame Bekämpfung. Erst wenn gütliche Einwirkungen erfolglos bleiben, steht ihnen das Zwangsmittel der polizeilichen Verfügung gemäß § 120d RGO. zur Hand. Eine wirksame Unterstützung erfahren die Gewerbeaufsichtsbeamten durch eine Anzahl Gewerbeärzte (am Sitze der Zentral- oder Mittelbehörde).

In offenen Verkaufsstellen sind nach § 139g RGO. nur die Ortspolizeibehörden befugt, Anordnungen im Interesse des Gesundheitsschutzes zur Durchführung der im § 62 HGB. den Unternehmern obliegenden Verpflichtungen zu treffen. Für Anordnungen in selbständigen Büros und im Großhandel kam bis zum Jahre 1934 als öffentlich-rechtliche Grundlage nur das Polizeiverwaltungsgesetz in Frage. Seine Anwendung setzt aber voraus, daß eine Gesundheitsschädigung des Publikums durch mangelhafte Lüftung nachgewiesen oder mit großer Wahrscheinlichkeit zu erwarten ist. Dieser Nachweis gelingt selten. Heute ist jeder Betriebsführer gemäß § 2 des Gesetzes zur Ordnung der nationalen Arbeit verpflichtet, für das Wohl seiner Gefolgschaft zu sorgen. Unter diese Fürsorgepflicht fällt auch die Anlage einer einwandfreien Lüftung in den Büroräumen.

Im Hinblick auf die oft schwierigen technischen Fragen, die z. B. gerade bei der Raumlüftung auftauchen, ist die praktische Mitarbeit der Ge-

Einleitung.

Viele Jahrhunderte hindurch war die Raumlüftung nur auf den Lehren der allgemeinen Lebenserfahrung aufgebaut und entsprach in ihrer praktischen Ausgestaltung dem jeweiligen Stande der Technik. Erst durch die Arbeiten Pettenkofers, Rubners, Hills und Flügges, in der 2. Hälfte des 19. Jahrhunderts, wurde sie auf wissenschaftliche Grundlage gestellt. Es war vor allem das Verdienst des Deutschen Flügge und des Engländers Hill, als erste erkannt zu haben, daß der Kern des Lüftungsproblems in dem physikalischen Zustande der Luft liege, d. h. in ihrer Temperatur, Feuchtigkeit und Bewegung.

Bis zum Weltkriege stand Deutschland auf dem Gebiete der Lüftung an erster Stelle, ja, man war bisweilen sogar durch Überspitzung mancher Einrichtungen über das Ziel hinausgegangen. Nach dem Kriege fehlte es zumeist an den nötigen Mitteln, um einmal die kostspielige Forschungsarbeit fortzusetzen und um ferner die vorhandenen Lüftungsanlagen sachgemäß zu betreiben. Hier und da begann man sogar die hygienische Notwendigkeit guter Lüftung anzuzweifeln. In Amerika jedoch griff man, auf den deutschen Forschungsergebnissen fußend, das Problem in groß angelegter Form wieder auf. Hauptsächlich dem Vorhandensein fast unbeschränkter Geldmittel verdankt USA. den heutigen hohen Stand seiner Lüftungstechnik.

Die vorliegende Arbeit soll die Be- und Entlüftung des „Normalarbeitsraumes" behandeln. Unter Normalarbeitsraum sei ein Raum verstanden, in welchem durch den Arbeitsprozeß oder durch das Arbeitsprodukt selbst keine maßgebende Beeinträchtigung der Raumluft eintritt, in dem also die Luftverschlechterung im wesentlichen durch den Menschen selbst hervorgerufen wird. Das gilt z. B. für Büros, viele Verkaufsstellen des Einzelhandels, die Werkstätten vieler Handwerker, ferner für zahlreiche Fabrikräume. Nicht mehr als Normalarbeitsräume in obigem Sinne wären dagegen z. B. anzusehen Bäckereien, Schlachthöfe, Küchen, Lackierereien und alle Arbeitsräume, in denen sich gesundheitsschädliche Gase entwikkeln. Es ist schwer, in der Praxis eine scharfe Grenze zu ziehen, welche Räume noch als Normalarbeitsräume gelten können und welche nicht. Der Begriff sei hier nicht zu eng gefaßt. Es werden daher gelegentlich auch Arbeitsräume behandelt, die streng genommen nicht mehr unter den Begriff des „Normalarbeitsraumes" fallen, die aber doch von so allgemeiner Bedeutung sind, daß es gerechtfertigt erscheint, sie in die vorliegenden Betrachtungen einzubeziehen.

werbeaufsichtsbeamten unentbehrlich. Seit Jahrzehnten ist dieses Gebiet eine ihrer wichtigsten Dienstobliegenheiten gewesen. Schon der Gesetzgeber hat die Bedeutung einer guten Lüftung der Arbeitsräume dadurch betont, daß er unter den allgemeinen Verpflichtungen, welche einem Unternehmer nach § 120a der RGO. im Interesse des Arbeitsschutzes auferlegt werden, ausreichenden Luftraum und Luftwechsel besonders erwähnt hat. Die Gewerbeaufsichtsbeamten haben, wie ihre amtlichen Jahresberichte erkennen lassen, seit Jahrzehnten auf die Durchführung obiger Vorschrift nach besten Kräften hingewirkt und jährlich in zahlreichen Fällen Verbesserungen in der Lüftung von Arbeitsräumen durchgesetzt. Der Reichsjahresbericht meldet z. B. vom Jahre 1933 (1934) 3440 (4514) Beanstandungen auf dem Gebiete der Lüftung und Heizung, weitere 4794 (6288) betrafen die Beseitigung von Staub und Abfällen, 3384 (4314) diejenige von Gasen und Dünsten. Die 1. Gruppe kommt im wesentlichen für die Normalarbeitsräume in Betracht; immerhin sind auch in der 2. und 3. Gruppe Beanstandungen enthalten, die sich auf diese Arbeitsräume beziehen.

2. Physikalische Grundlagen der Lüftung.

a) Zusammensetzung und Beschaffenheit der Luft. Die freie atmosphärische Luft setzt sich dem Volumen nach zusammen aus 78,00% Stickstoff, 21,94% Sauerstoff, 0,04% Kohlensäure und einem verschwindenden Anteil an Edelgasen. Luft von solcher Zusammensetzung befindet sich in reinem Zustande in der Nähe der Erdoberfläche aber nur über großen, freien Flächen, fern von menschlichen Behausungen, z. B. über ausgedehnten Gewässern, Wäldern und Feldern. Die Luft, welche der arbeitende Stadtmensch einatmen muß, ist selten auch nur annähernd rein, sondern enthält mehr oder minder zahlreiche Beimengungen. In Städten mit vielen und großen Feuerstellen werden starke Mengen schwefliger Säure durch die Feuerungsabgase ins Freie abgeführt, daneben Kohlensäure und Kohlenoxyd. Die letztgenannten Gase finden sich ferner als Abgase von Verbrennungsmotoren in beachtlichen Mengen in Großstädten mit starkem Automobilverkehr. Messungen am Potsdamer Platz in Berlin haben z. B. einen Gehalt der Luft an Kohlenoxyd von 0,01 bis 0,015% ergeben. Während Kohlensäure nicht als Giftgas im eigentlichen Sinne, sondern nur als Stickgas anzusehen ist, welches, in größeren Mengen auftretend, einen Mangel an Sauerstoff und daher Erstickungsgefahr herbeiführt, ist Kohlenoxyd ein typisches Giftgas, das auch in verhältnismäßig geringer Beimengung bereits gefährlich wird (Einwirkung auf den Hämoglobingehalt des Blutes). Bis zu 0,017% CO kann in der Regel als unschädlich gelten; bei 0,2% und mehr muß man beim Menschen in kurzer Zeit mit tödlicher Wirkung rechnen.

Außer den genannten Gasen enthält die Luft der Städte meistens noch Beimengungen von Staubteilchen verschiedenster Herkunft.

b) Beziehungen zwischen Feuchtigkeitsgehalt und Temperatur der Luft. Die gewöhnliche atmosphärische Luft ist nicht trocken, sondern enthält einen veränderlichen Prozentsatz an Feuchtigkeit. Die Feuchtigkeit wird erst sichtbar, wenn die Luft auf eine bestimmte Temperatur heruntergekühlt ist. Feuchte Luft vor Erreichen des Sättigungszustandes ist leichter als trockene. 1 cbm Luft wiegt bei +20° trocken 1205 g, gesättigt 1194 g. Die Luft kann an Wasserdampf aufnehmen (bezogen auf 1 cbm):

bei	−20°	−10°	±0°	+10°	+20°	+30°
	0,9	2,2	4,9	9,3	17,2	30,1 g

Man kann die absolute und die relative Feuchtigkeit messen. Im 1. Falle hat man das Gewicht des Wasserdampfes in 1 cbm Luft festzustellen, im 2. Falle das Verhältnis der in der Luft vorhandenen Wassermenge zu derjenigen, bei welcher die Luft unter der Voraussetzung gleicher Temperatur gesättigt ist, d. h. aufnahmeunfähig für weitere Feuchtigkeit. Die Sättigungstemperatur nennt man Taupunkt.

Zwischen der Temperatur der Luft und ihrem Feuchtigkeitsgehalt bestehen Gesetzmäßigkeiten. Luft von niedriger Temperatur vermag nur geringe Mengen Wasserdampf aufzunehmen; sie ist daher schnell gesättigt. Je stärker man die Luft erwärmt, um so aufnahmefähiger wird sie für Feuchtigkeit und um so niedriger wird daher auch der relative Feuchtigkeitsgehalt.

Die relative Feuchtigkeit der Außenluft ist nachts und morgens am größten und mittags am kleinsten, sie ist im Winter größer als im Sommer.

3. Meteorologische und klimatische Grundlagen.

Unter Witterung sind die meteorologischen Verhältnisse einer Gegend oder eines Ortes während bestimmter Tage oder Monate, unter Klima die durchschnittliche Witterung zu verstehen, wie sie auf Grund jahrelanger Erfahrungen zu einer bestimmten Zeit üblich ist. Meteorologische Elemente sind der Luftdruck, die Temperatur, der Feuchtigkeitsgehalt der Luft usw. zu einer bestimmten Zeit. Klimatische Faktoren dagegen sind die geographische Breite, die Höhenlage über dem Meeresspiegel u. ä. Von den gesamten meteorologischen und klimatischen Verhältnissen sind für die Raumlüftung von Bedeutung einmal die Lufttemperatur und Luftfeuchtigkeit, ferner die Luftbewegung oder der Wind. Mit diesen Faktoren hat man beim Entwurf einer Lüftungsanlage zu rechnen. Sie sind in den einzelnen Gebieten Deutschlands sehr verschieden. Bei der Temperatur haben wir einen mittleren Jahresdurchschnitt, mittleren Monatsdurchschnitt sowie Höchst- und Tieftemperaturen zu beachten. Die beiden letztgenannten allerdings können bei der Planung einer Lüftungsanlage meistens nur unvollkommen berücksichtigt werden, da sie stark von zufälligen Witterungsverhältnissen abhängig sind. Entscheidend sind die Durchschnittstemperaturen, die sich auf Grund langjähriger Erfahrungen ergeben haben, und zwar zur Hauptsache die Monatsdurchschnitte. Wenn die Durchschnittstemperaturen der Außenluft nur wenig von den üblichen Raumtemperaturen abweichen, ist der natürliche Luftaustausch nur träge, bei steigender Temperaturdifferenz nimmt er zu. In wärmeren Gegenden, überhaupt in den Sommermonaten, müssen daher zur Erzielung eines ausreichenden Luftwechsels weitergehende Maßnahmen getroffen werden, als in kälteren Gegenden oder ganz allgemein im Winter.

Der Feuchtigkeitsgehalt der Raumluft ist unterhalb und oberhalb bestimmter Werte maßgebend für das Behaglichkeitsempfinden des Menschen (feuchtkalt—schwül). Die Feuchtigkeit der Außenluft ist starken Schwankungen unterworfen und in ihrem Durchschnitt von der geographischen Lage abhängig. In den Küstengebieten z. B. haben wir meistens einen verhältnismäßig hohen Feuchtigkeitsgehalt. Die Unterschiede zeigen sich in der nachstehenden, von Bradtke aufgestellten Tabelle[1].

Relative Feuchtigkeit für einige Großstädte in Prozent:

Orte	Mai	Dezember	Jahres-durchschnitt
Aachen	68	86	76
Berlin	65	87	76
Breslau	65	84	74
Frankfurt a. M.	66	86	76
Hamburg	69	90	81
Kiel	78	92	86
Königsberg	72	92	81
Magdeburg	67	87	77
München	65	86	75

Die erforderliche Behandlung der Raumluft (Be- oder Entfeuchten) richtet sich stark nach der Beschaffenheit der Außenluft. Ist diese kalt und trocken, so muß man Feuchtigkeit hinzusetzen; bei warmer, schwüler Witterung dagegen muß man entfeuchten, wenn ein erträglicher Zustand erreicht werden soll. Es können selbst im Sommer ganz erhebliche Feuchtigkeitsunterschiede bei der Außenluft auftreten. So mißt man z. B. bei einer Temperatur von 32° und klarem Wetter oft relative Feuchtigkeitsgrade von 20% und darunter, bei schwülem Wetter und gleicher Temperatur 40—50% und mehr. Daraus ergibt sich schon, daß eine Lüftungsanlage ohne gleichzeitig damit verbundene Einrichtung zum Be- und Entfeuchten der Luft meistens keine zufriedenstellenden Luftverhältnisse in einem geschlossenen Raume bringen kann.

Der Wind ist abhängig von der jeweiligen Luftdruckverteilung über der Erdoberfläche. Die Luft strömt in den unteren Schichten aus Gegenden höheren in solche niedrigeren Luftdruckes. Die Windrichtung wird außer von der Richtung des Druckgefälles noch von der Erddrehung beeinflußt. Man mißt die Windgeschwindigkeit gewöhnlich mit dem Robinsonschen Schalenkreuzanemometer, die Windrichtung mit einer Windfahne. Die Geschwindigkeit des Windes ist in hohem Maße von der Sonnenstrahlung abhängig. Infolge des größeren spezifischen Gewichtes fällt die kalte

[1] Nach Rietschel, Heiz- und Lüftungstechnik. Hrsg. v. Gröber (Bradtke), 10. Aufl. Berlin: Julius Springer 1934.

Luft der höheren Zonen nach unten; dafür dringt die in der Nähe der Erdoberfläche erwärmte Luft nach oben. Dieser Vorgang verursacht an der Erdoberfläche stärkere Luftbewegung. Bei den unteren Luftschichten liegt das Maximum der Windgeschwindigkeit in den ersten Nachmittagsstunden, bei den oberen in den Nachtstunden. Im Winter sind die unteren Luftschichten ziemlich dünn. Bereits von 40 m Höhe an findet man den für die höheren Luftschichten typischen Wechsel, d. h. also in den Nachtstunden die stärksten Windgeschwindigkeiten. Die Bedeutung dieser Erscheinungen für die Raumlüftung liegt darin, daß im Winter z. B. in hochgelegenen Arbeitsräumen sich der vom Winde ausgehende Einfluß auf den Luftwechsel tagsüber weniger bemerkbar macht als in tieferliegenden Räumen. Erst der stärkere Nachtwind kommt der Lüftung der höherliegenden Räume mehr zugute. Im Sommer findet der Windwechsel gewöhnlich in solchen Höhen statt (über 200 m), daß er für die praktische Raumlüftung, jedenfalls in Europa, vorerst ohne Einfluß ist.

Von Bedeutung ist weiterhin die Frage, aus welchen Himmelsrichtungen der Wind am häufigsten weht. Die von Bradtke angestellten Untersuchungen[1] lassen erkennen, daß die Winde zumeist und am stärksten aus SW bis NW wehen.

Über den Einfluß des Windes auf den natürlichen Luftwechsel war man lange im unklaren. Erst in neuerer Zeit hat man festgestellt, daß die Selbstlüftung eines Raumes in vielfach höherem Maße vom Winde als von der Temperaur und den üblichen Undichtigkeiten der Wände abhängt[2].

4. Die hygienischen Grundlagen der Lüftung.

Durch die Lüftung sollen den in den Arbeitsräumen beschäftigten Personen erträgliche Aufenthaltsverhältnisse geschaffen werden. Um diese Aufgabe zu erfüllen, wäre zunächst kurz zu klären, welche Einwirkungen durch mangelhafte Luftverhältnisse auftreten können, und ferner, was unter erträglichen Aufenthaltsverhältnissen zu verstehen ist.

Die Atemluft enthält stets Beimengungen verschiedenster Art, teils in Staub-, teils in Gasform. Von den staubförmigen Beimengungen sind nur wenige als besonders gesundheitsschädlich anzusprechen. Es sind dies in der Hauptsache Bestandteile organischer Natur, die als Krankheitsträger in Betracht kommen, oder anorganischer Natur, soweit es sich um Giftstoffe handelt, z. B. Silikate, Bleiverbindungen u. a. Je kleiner die einzelnen Staubteilchen sind, um so nachteiliger ist ihre Wirkung auf den Menschen. Für den „Normalarbeitsraum“ scheiden die als ausgesprochen gesundheitsschädlich angesehenen Staubarten in der Regel aus. Gewisse Unannehmlichkeiten kann freilich auch der gewöhnliche Zimmerstaub verursachen, vor allem, soweit er organischer Herkunft ist. Er verschwelt leicht in Räumen mit Zentralheizung, besonders mit Dampfheizung, und kann

[1] Veröffentlicht in Rietschels, Heiz- und Lüftungstechnik.

[2] Vgl. hierzu Kisskalt, Der Einfluß von Temperatur und Winddruck auf die Selbstlüftung. Gesdh.ing. **1913**, 853.

dadurch zu Geruchsbelästigungen führen. Größere Mengen irgendwelchen Staubes wirken meistens, wenn nicht unmittelbar, so doch mittelbar gesundheitlich ungünstig, zum mindesten belästigend durch Reizen der Schleimhäute und durch Verschlechterung des Allgemeinbefindens der sich im Raum aufhaltenden Personen. Staub ist immer ein Zeichen der Unhygiene und Unsauberkeit.

Unter den gasförmigen Beimengungen der Raumluft finden sich häufig Stoffe, die an sich unschädlich sind, aber unangenehm auf die Geruchsnerven wirken. Es sind dies in der Regel Gerüche, die von menschlichen Ausdünstungen oder von faulenden organischen Stoffen herrühren. Das Allgemeinbefinden der Personen können solche Gerüche nicht gerade günstig beeinflussen, wenn auch betont werden muß, daß es sich hier vorwiegend um einen ästhetischen Mangel handelt.

Ferner wirken die jeweiligen Luftzustände (Feuchtigkeitsgehalt, Temperatur und Luftbewegung) mehr oder minder auf den menschlichen Körper ein. Ein gesunder Körper ist bestrebt, unter den wechselvollen Lebensbedingungen stets eine innere Temperatur von etwa 37° C einzuhalten, also einen bestimmten Gleichgewichtszustand zu wahren. Das geschieht — innerhalb gewisser Grenzen — durch eine vom Bewußtsein unabhängige Wärmeregulierung, teils chemischer, teils physikalischer Natur. Beide stehen in Wechselwirkung zueinander, d. h. wo die eine nur schwach wirkt, tritt die andere entsprechend stärker auf. Die chemische Wärmeregelung geschieht durch vermehrte bzw. verminderte Nahrungszufuhr und Veränderung der Muskeltätigkeit; die physikalische Wärmeregelung — sie ist die wichtigere — umfaßt die äußere Wärmeabgabe des Körpers und ist abhängig von der Umgebung[1].

Die normale Entwärmung des Körpers steht im engsten Zusammenhange mit dem allgemeinen Wohlbefinden des Menschen. Ist der Körper nicht mehr in der Lage, die erforderliche Wärmeregulierung selbst herzustellen, sei es auf chemischem, sei es auf physikalischem Wege (z. B. bei schwüler Luft), so überschreitet die Körpertemperatur den Normalwert von rund 37° C und es kommt zur „Wärmestauung". Dabei treten Störungen des Allgemeinbefindens auf, die sich zunächst durch Unbehagen, Kopfschmerzen, allgemeine Mattigkeit u. dgl. äußern. Diesen leichteren Grad der Wärmestauung finden wir häufig bei empfindlichen Menschen, wenn Temperatur und Feuchtigkeitsgehalt der Luft übernormal ansteigen (Massenversammlungen). In schweren Fällen können Ohnmacht, Hitzschlag und Muskelkrämpfe (z. B. bei Bäckern, Köchen und Heizern) auftreten. Temperaturen von +19 bis 20° C, die bei einer relativen Luftfeuchtigkeit von 40 bis 60% in der Regel als „normal" gelten, können bei einem Feuchtigkeitsgehalt von 80% und darüber bei körperlicher Arbeit bereits unangenehm werden. Bei +25° C und 60% Feuchtigkeitsgehalt vermag schon eine geringe Betätigung Unbehagen zu verursachen. In dem Maße, wie das Wohlbefinden der Menschen in zu feuchter und zu

[1] Vgl. hierzu die Arbeiten von Liese, Z. VDI. **1935**, 125 — Loewy u. Uhlmann, Z. physik. Ther. **1933**, 183.

warmer Luft leidet, sinkt die Arbeitslust und damit in der Regel die Arbeitsleistung. Wer ständig in solcher Luft körperlich schwer arbeiten muß, ist auf die Dauer der Gefahr von Gesundheitsschädigungen ausgesetzt. Es tritt dann unter Umständen eine chronische Hitzeerschöpfung ein, die sich in Appetitstörungen, allgemeiner Abmagerung, Schlaflosigkeit und langsamem Verfall der Kräfte äußert.

Einen großen Einfluß auf das Allgemeinbefinden bei verschiedenen Luftzuständen ruft die Kleidung hervor. Ist sie dicht und wenig luftdurchlässig, so hemmt sie die Verdunstung des Schweißes und fördert die Wärmestauung. Daher bewegen sich Personen, die ständig unter hohen Temperaturen arbeiten müssen, gern mit entblößtem Oberkörper. Sie sind dann leistungsfähiger als bekleidete Personen, mag deren Kleidung auch noch so dünn sein.

Als Maßstab für die Luftverschlechterung hat man lange Zeit hindurch den Kohlensäure-(CO_2-)Gehalt der Luft angesehen. Ein erwachsener Mensch gibt in der Ruhelage stündlich etwa 20—23 l CO_2 ab, bei körperlicher Arbeit 30—40 l. Wenn man heute auch weiß, daß die Frage, ob eine Raumluft gut oder schlecht ist, zur Hauptsache nach anderen Merkmalen beurteilt werden muß, als nach dem Kohlensäuregehalt, so hat dieser trotzdem für die lüftungstechnischen Berechnungen seine Bedeutung nicht verloren. Nach Pettenkofer ist der (CO_2-)Gehalt ein sichtbares Zeichen für die allgemeine Luftverschlechterung. Die Ekelstoffe der Luft nehmen unter der Voraussetzung, daß außer den Menschen keine nennenswerten CO_2-Quellen vorhanden sind, nach seinen Erfahrungen im annähernd gleichen Verhältnis zu wie die CO_2-Anreicherung. Bei Raumluft mit einem Gehalt von $1^0/_{00}$ CO_2 und darüber z. B. stellte er fast immer einen unangenehmen Geruch fest (nicht von der CO_2 herrührend, die bekanntlich geruchlos ist). Dieser CO_2-Gehalt kann ohne Gefahr für den Menschen längere Zeit hindurch ertragen werden[1]. Die erforderliche Luftmenge in Kubikmeter pro Kopf und Stunde errechnet man, unter der Bedingung, daß der Gehalt an CO_2 $1^0/_{00}$ nicht übersteigen soll, überschläglich nach der Formel $\frac{1}{1000} = \frac{0{,}023 + (x \cdot 0{,}0003)}{x}$ (zu 23 Liter sei die stündlich vom Menschen abgegebene CO_2-Menge angesetzt. $x \cdot 0{,}0003$ ist der Gehalt an CO_2 in x cbm Frischluft). $x = \backsim 32$ cbm.

Die Errechnung des erforderlichen Luftbedarfs nach der Wärmeabgabe führt in der Regel zu höheren Werten. Danach beträgt z. B. der Luftbedarf bei einem Temperaturunterschied von 10° zwischen der eintretenden Frischluft und der abzuführenden, erwärmten Raumluft für den ruhenden Menschen im Mittel 40 cbm/Std., für einen Menschen, der sich körperlich bewegt, etwa 50 und mehr cbm/Std., bei größeren Temperaturunterschieden entsprechend weniger. Dabei ist nur die durch den Menschen selbst verursachte Wärmeabgabe in Rechnung gesetzt. Andere Wärmequellen, z. B. Lampen und Kocher, sind unberücksichtigt geblieben.

---

[1] Die Schädlichkeitsgrenze liegt etwa bei 3—4% CO_2.

Welche Berechnungsart man im Einzelfalle anwendet, hängt von den besonderen Umständen und Erfordernissen ab. Die errechneten Werte sind nur als Anhaltspunkte zu betrachten, von denen man je nach den Umsränden entsprechend abweichen kann.

Der Fachausschuß für Lüftungstechnik im VDI., dem die Aufgabe gestellt war, einheitliche Richtlinien für die Bearbeitung von Lüftungsfragen festzulegen, hat in seinem Entwurf über „Regeln für die Auftragserteilung und Abnahme von Lüftungsanlagen bei Versammlungsräumen" eine stündliche Luftzufuhr von 20 cbm Frischluft bei Rauchverbot und 30 cbm bei Raucherlaubnis je Person als Mindestforderung aufgestellt, wobei gleichzeitig empfohlen wird, diese Werte, wenn irgend angängig, um 10 cbm zu erhöhen.

Bei vermehrter Wärmeabgabe des Körpers sinkt die Hauttemperatur. Das läßt sich in bewegter Luft leichter erreichen als in ruhender. In der Luftbewegung liegt also ein Mittel zur Verbesserung der Wärmeabgabe des Körpers und damit zur Erhaltung des Wohlbefindens bei sonst ungünstigen Umgebungsbedingungen. Die Luftbewegung, die in Räumen mit Be- und Entlüftungseinrichtungen stets vorhanden ist, darf aber bestimmte Grenzen nicht überschreiten, sonst wird sie lästig empfunden (Zugluft)[1]. Zahlreiche theoretisch einwandfreie Be- und Entlüftungsanlagen haben sich schon als praktisch unbrauchbar erwiesen, weil sie Luftgeschwindigkeiten erzeugten, die zu Erkrankungen der sich im Raume aufhaltenden Personen führten. Besonders wenn diese Personen noch bei ihrer Tätigkeit erhitzt werden und infolgedessen nur leicht bekleidet sind, scheiden Luftgeschwindigkeiten, die unter anderen Verhältnissen vielleicht noch erträglich sind, aus. Die ungünstige Wirkung verstärkt sich noch, wenn die eingeblasene Zuluft um einige Grade kälter ist als die Raumluft. Beträgt die Temperatur der Zuluft 2—3° weniger als die Raumtemperatur, so wirken Luftgeschwindigkeiten über 0,3 m/sec in der Regel unangenehm, insbesondere bei Personen, welche sich in der Nähe der Lufteinlaßstellen aufhalten. Sehr empfindliche Personen können unter Umständen gar keine Luftbewegung vertragen. Sie können aber auch nicht als Maßstab bei den vorliegenden Betrachtungen angesehen werden, sondern man muß von den Empfindungen gesunder Durchschnittsmenschen ausgehen. Nach vorliegenden Erfahrungen kann man annehmen, daß z. B. eine Temperatur von 18—20° C bei ruhender Luft und gewöhnlicher Bekleidung als angenehm empfunden wird. Gerät die Luft in Bewegung, so stellt sich infolge des stärkeren Wärmeentzuges auf der Hautoberfläche ein vom Grade der Luftbewegung abhängiges Kältegefühl ein. Luft von + 24° C führt die gleiche Abkühlung wie Luft von 19° erst bei erheblich höherer Geschwindigkeit herbei. Man kann also bei höheren Temperaturen die Luftgeschwindigkeit heraufsetzen, ohne Belästigungen oder Erkrankungen befürchten zu müssen. Wer gezwungen ist, täglich unter Zugluft zu arbeiten, kann sich Muskel- und Gelenkrheumatismus zuziehen, abgesehen von

[1] Man versteht darunter eine stets gleichgerichtete, kalte Luftströmung, welche nur bestimmte Körperteile des Menschen trifft.

Erkältungen mit den damit oft verbundenen Folgeerscheinungen. So kann das gutgemeinte Bestreben, einen möglichst starken Luftwechsel in einem Raume zu schaffen, leicht zu unerwünschten, gesundheitsschädlichen Auswirkungen führen.

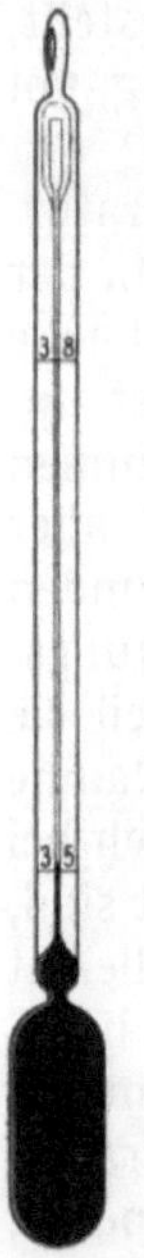

Zu erträglichen Aufenthaltsverhältnissen gehört demnach eine Atemluft, welche möglichst frei ist von unangenehmen Beimengungen, wie Staub und üble Gerüche, bei der ferner die Werte von Temperatur und Feuchtigkeit sich in solchen Grenzen halten, daß keine Erschwerung oder gar Störung der normalen Entwärmung des menschlichen Körpers eintritt und die keine Zugbelästigungen verursacht. Die in diesem Sinne für den Menschen günstigsten Luftverhältnisse bezeichnet man auch als Behaglichkeitszustand. Es ist nicht leicht, für ihn einen brauchbaren Maßstab zu finden. Wie schon erwähnt, spielt die Haut bei der Wärmeregulierung im menschlichen Körper eine bedeutende Rolle. Die Temperatur der Hautoberfläche stellt sich entsprechend dem jeweiligen Luftzustand ein. Von der Hauttemperatur ist aber auch das Kälte- und Wärmegefühl und damit das Behaglichkeitsempfinden abhängig. Die Hauttemperatur kann also in gewissem Sinne als Indikator für den Behaglichkeitszustand dienen. Sie ist jedoch subjektiven Schwankungen stark unterworfen. Man war daher bestrebt, eine zuverlässige objektive Meßeinrichtung für den Behaglichkeitszustand zu schaffen. Der Engländer Leonhard Hill fand sie im Katathermometer, so genannt nach der Abkühlungsgröße oder Kühlstärke der Luft, die man mit seiner Hilfe feststellt und vereinfacht „Katawert" genannt hat. Dieser Wert ist eine objektive Vergleichsgröße und ist meistens durch die Höhe der Lufttemperatur und die Stärke der Luftbewegung bestimmt. Er wird dann als „trockener" Katawert bezeichnet. Er wird ferner aber auch als „feuchter" Katawert gemessen und ist dann außerdem noch abhängig vom Wasserdampfgehalt der Luft. Der feuchte Katawert ist etwa 3mal so groß wie der trockene. Das Katathermometer (Abb. 1) besteht aus einem gewöhnlichen Alkohol-Stabthermometer, dessen Behälter die Abmessungen $4 \times 1{,}8$ cm hat. Die Skala enthält nur die Temperaturen von $+35$ bis 38° vermerkt. Die praktische Anwendung des Katathermometers geschieht in der Weise, daß es zunächst in ein Warmwasserbad gehalten wird, bis der Alkohol das obere Ausdehnungsgefäß an der Spitze der Skala erreicht hat. Dann hebt man den Apparat heraus, trocknet ihn sorgfältig ab und mißt mit der Stoppuhr die Zeit, welche der Alkoholfaden benötigt, um von 38° auf 35° zu fallen. Dieser Zeitwert dient als Grundlage für eine Formel zur Berechnung des Katawertes[1]. Für den praktischen Gebrauch ist es zweckmäßig, nicht mit dem reinen Katawert zu

Abb. 1. Katathermometer.

[1] Näheres über die Anwendbarkeit und den praktischen Wert des Katathermometers s. in der Spezialliteratur, z. B. Bradtke in Rietschels Heiz- und Lüftungstechnik, 10. Aufl., und Liese, Kongreßbericht „Heizung und Lüftung 1935". München: Oldenbourg.

arbeiten, sondern ihn zur Temperatur in Beziehung zu setzen, da die gleichen Katawerte bei verschiedenen Temperaturen verschiedene Behaglichkeitsempfindungen hervorrufen.

Das Katathermometer ist schnell zu einem unentbehrlichen Hilfsmittel bei der Untersuchung und beim Vergleich von Luftzuständen geworden. Mit seiner Hilfe kann man nicht nur Behaglichkeitsziffern für bestimmte Arbeitsräume feststellen, sondern es hat auch den bemerkenswerten Vorzug, daß man mit ihm die Windgeschwindigkeit sogar bei sehr feiner und diffuser Luftströmung messen kann. Durch die Differenz der Meßergebnisse mit einem strahlungsgeschützten und strahlungsungeschützten Katathermometer ist es nach Untersuchungen von Bradtke sogar möglich, die Einflüsse kalter Flächen, z. B. der Fenster und Außenwände, festzustellen. Zur richtigen Anwendung des Katathermometers und zur Auswertung der Meßergebnisse ist es notwendig, daß das Instrument von wirklich kundiger Hand benutzt wird, da sonst leicht Fehler entstehen, die zu völlig abwegigen Ergebnissen führen.

Die hygienische Bedeutung einer guten Raumlüftung in Zahlen auszudrücken, ist schwierig. Versicherungstechniker haben zwar derartige Versuche unternommen und behauptet, daß jährlich so und so viele Tausend Menschenleben hätten erhalten werden können, wenn die Raumlüftung überall einwandfrei gewesen wäre. Diese Angaben beruhen aber zum größten Teile auf nicht näher nachprüfbaren Schätzungen. Andererseits darf der hygienische Wert gut gelüfteter Arbeitsräume keineswegs verkannt werden. Ihm kommt eine gleich hohe Bedeutung zu wie der Unfallsicherheit der Betriebseinrichtungen. Schlechte Atemluft führt nicht nur zur Leistungsverminderung und Unfallneigung in den Betrieben, sondern untergräbt auch systematisch die Grundlagen der Gesundheit unserer arbeitenden Bevölkerung und damit der ganzen Nation.

II. Technische Durchführung der Lüftung.

1. Einrichtungen und Maßnahmen zur Be- und Entlüftung von Arbeitsräumen.

a) Meß- und Stellvorrichtungen.

Das Ziel der Be- und Entlüftung des Normalarbeitsraumes gipfelt im wesentlichen darin, neben Staubfreiheit einen Luftzustand zu schaffen, der dem optimalen Behaglichkeitszustand möglichst nahe kommt. Aufgabe der Techniker ist es, die nötigen Einrichtungen hierfür auf wirtschaftlichste Weise herzustellen.

Der Erfolg jeder Lüftung hängt nicht nur von der Qualität der mechanischen Einrichtungen ab, sondern wesentlich auch von ihrer Beaufsichtigung und Wartung. Eine sachgemäße Wartung ist aber nur dann möglich, wenn dem Wärter Instrumente zur Verfügung stehen, die ihm bequem und leicht verständlich alle zur richtigen Bedienung notwendigen Angaben liefern. Solche Instrumente sind die Meß- und Stellvorrichtungen. Zweckmäßig ist es, sie bei größeren Anlagen möglichst an einer Zentralstelle zu vereinigen. Die fortschreitende Technik, insbesondere die Elektrotechnik, hat auch hier dem Menschen immer vollkommenere Mittel in die Hand gegeben, um schnell, genau und sicher prüfen zu können, was für die richtige Bedienung der Lüftungsanlage notwendig ist.

Zur Messung des jeweiligen Luftzustandes, insbesondere des Temperatur- und Feuchtigkeitsgehalts, dienen nachstehende Apparate[1].

Zur Messung der Raumlufttemperatur verwendet man in der Regel das hinreichend bekannte Quecksilberthermometer. Man sollte jedoch für genauere Messungen nur eichfähige Thermometer mit Teilung auf $^1/_5$° verwenden. Für Fernmessungen bediente man sich früher meistens der Capillarthermometer. In älteren Anlagen findet man sie heute auch noch mehrfach. Die Wirkungsweise ist derart, daß eine mit Quecksilber gefüllte Capillarröhre eine Anzahl Kontakte enthält, die durch kleine Widerstände untereinander verbunden sind. Steigt das Quecksilber in der Capillare, so werden nacheinander die vorhandenen Kontakte kurz geschaltet. Mittels elektrischen Stromes werden die Skalenwerte nach der Zentrale übertragen und dort unter Verwendung eines Galvanometers abgelesen. Diese ältere Art von Fernthermometern wird heute mehr und mehr durch Metallwiderstandsthermometer unter Einschaltung einer Wheatstoneschen Brücke verdrängt. Die Messung basiert hier auf der Änderung des elektrischen Widerstandes eines Metalles bei verschiedenen Temperaturen.

---

[1] Nähere Angaben über Messungen und Meßinstrumente finden sich auch in dem Entwurf der oben erwähnten Lüftungsregeln des VDI., deren Veröffentlichung demnächst zu erwarten ist.

Der Meßwert wird meistens durch die sog. Brücken-Kreuzspulschaltung[1] auf das Anzeigeinstrument übertragen. Als Metalle verwendet man Nickel und Platin. Nickel ist für Bereiche von $-30°$ bis $+100°$C brauchbar und

Abb. 2. Siemens-Feuchtigkeitsmesser für trockene Räume.

Abb. 2a. Siemens-Feuchtigkeitsmesser für feuchte Räume.

eignet sich daher für die Mehrzahl aller praktisch in Frage kommenden Messungen. Der Vorzug der Metallwiderstandsthermometer liegt vor allem in ihrer hohen Meßgenauigkeit und in der Möglichkeit, die Eichung innerhalb beliebiger Grenzen durchführen zu können. Mit Hilfe des elektrischen Meßverfahrens kann man auch an schwer zugänglichen Stellen eingebaute

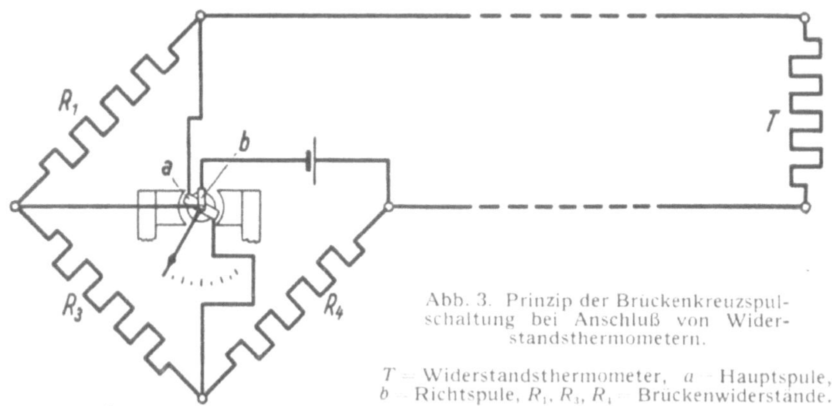

Abb. 3. Prinzip der Brückenkreuzspulschaltung bei Anschluß von Widerstandsthermometern.

T = Widerstandsthermometer, a = Hauptspule, b = Richtspule, R_1, R_3, R_4 = Brückenwiderstände.

Thermometer von einem bequemen Beobachtungsstand aus ablesen. Abb. 2 zeigt ein Widerstandsthermometer für trockene, Abb. 2a ein solches für feuchte Räume. In Abb. 3 ist das Prinzip der Brückenkreuzspulschaltung schematisch dargestellt.

Zur Messung der Luftfeuchtigkeit dienen Hygrometer und Psychrometer. Die erstgenannten bestehen im Grundsatz aus einer halbkreisförmigen

[1] Die Messung ist unabhängig von Spannungsschwankungen. Vgl. H. Grüss, Wiss. Veröff. Siemens-Konz. **10**, 137 (1931).

Skala, an der ein entlanggleitender Zeiger die relative Feuchtigkeit in Prozent unmittelbar anzeigt (Abb. 4 u. 5). Die Wirksamkeit solcher Apparate beruht auf der großen Empfindlichkeit des menschlichen Haares gegenüber Feuchtigkeitseinflüssen. Bei unveränderter Spannung verlängert (feucht) bzw. verkürzt (trocken) sich das Haar je nach dem Feuchtigkeitsgehalt der Luft. Diese Längenänderungen werden mittels Hebel auf den über der Skala befindlichen Zeiger übertragen. Die Werte geben einen verhältnismäßig zuverlässigen Maßstab für die relative Luftfeuchtigkeit. Die Hygrometer müssen von Zeit zu Zeit (etwa alle 14 Tage) nachgeeicht werden[1], um allzu große Abweichungen zu vermeiden.

Abb. 4. Hygrometer.

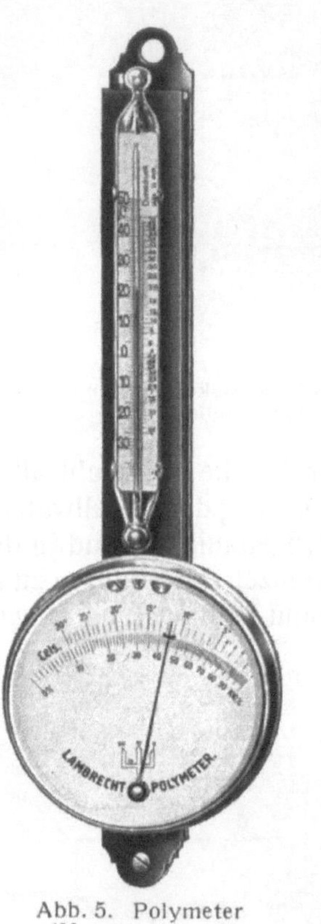

Abb. 5. Polymeter (Hygrometer mit Thermometer).

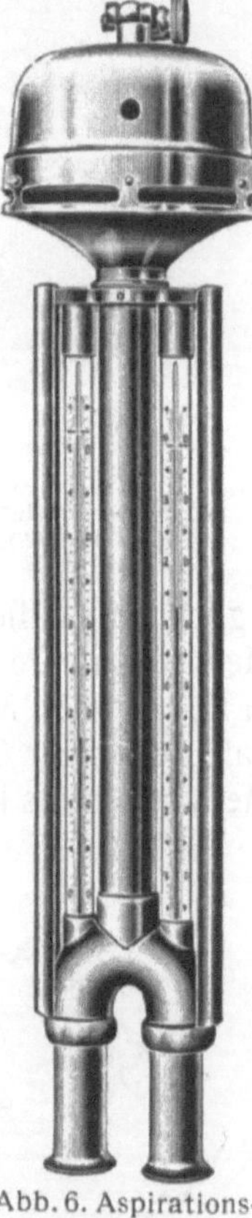
Abb. 6. Aspirationspsychrometer (nach Aßmann).

Die Wirkungsweise der Psychrometer beruht auf folgender Feststellung: Hängt man in einem Raume 2 Thermometer gleicher Bauart nebeneinander und umgibt die Quecksilberkugel des einen mit einem feuchten Tuch, so wird man an dem trockenen Thermometer eine höhere Raumtemperatur ablesen als an dem feuchten. Wodurch erklärt sich das? Beim feuchten Thermometer verdunstet Wasser und entzieht dadurch dem Quecksilber Wärme. Je trockener die Luft ist, um so begieriger saugt sie Feuchtigkeit auf, um so stärker ist also die Verdunstung. Aus dem Unterschied der beiden Thermometerablesungen kann man den Feuchtigkeitsgehalt der Luft feststellen. Voraussetzung für hinreichende Meßgenauigkeit ist, daß die Raumluft am feuchten Thermometer in Bewegung

[1] Näheres s. Obermüller-Füers, Z. angew. Chem. **1924**, 904.

gehalten wird. Man erreicht dies leicht mit Hilfe eines kleinen Ventilators (elektr. oder Uhrwerksantrieb)[1].

Das in Abb. 6 dargestellte Aßmannsche Aspirationspsychrometer, das vielfach verwendet wird, arbeitet mit einem Luftstrom, der an den Quecksilberkugeln der beiden Thermometer vorbeigeführt wird.

Häufige Verwendung finden elektrische Feuchtigkeitsmesser. In ihrem

Abb. 7. Siemens-Feuchtigkeitsmesser für zugängliche Räume.

Abb. 8. Siemens-Feuchtigkeitsmesser für unzugängliche Räume.

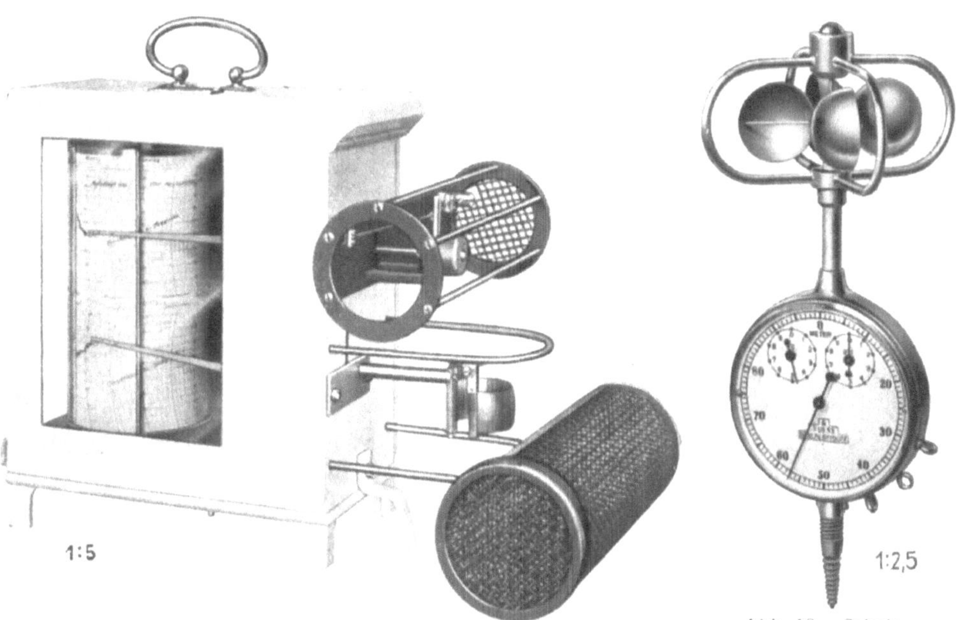

Abb. 9. Temperatur-Feuchtschreiber.

Abb. 10. Schalenkreuz-Anemometer.

Aufbau ähneln sie dem Aßmannschen Aspirationsspychrometer. — Zur Temperaturmessung dienen dabei Widerstands-Metallthermometer. — Diese Feuchtigkeitsmesser lassen sich auch als Fernmeßinstrumente ausbilden, zeigen gleichzeitig Temperatur und Feuchtigkit an und können

[1] Über elektrische Psychrometer vgl. VDI.-Z. **1926**, 207.

Abb. 11. Die schreibende Ringwaage.

zu deren selbständigen Regelung benutzt werden. Sie erhalten dann einen, gewöhnlich elektrisch betriebenen, Regler, der bei jeder Abweichung von der eingestellten Temperatur und Feuchtigkeit bestimmte Ventile betätigt, welche den ursprünglichen Luftzustand wiederherstellen. Die Abb. 7—8 zeigen Siemens-Feuchtigkeitsmesser mit eingebauten Widerstandsthermometern.

Neben den eigentlichen Meßinstrumenten stellt man meistens noch Schreibtrommeln auf, die durch ein Uhrwerk oder elektrisch betrieben werden und einen genauen Rückblick über die Stellung der Meßgeräte zu jeder Stunde ermöglichen (Abb. 9).

Die Wartung von Lüftungsanlagen erfordert häufig auch das Messen der durchströmenden Luftmenge. Dazu muß man zunächst die Luftgeschwindigkeit kennen. Zu ihrer Feststellung bedient man sich in einfachen Anlagen auch heute noch des bekannten Anemometers (Abb. 10). Für genauere Messungen dagegen, besonders bei größeren Anlagen, muß man zu anderen Meßmethoden greifen. Vielfach im Gebrauch ist das Staurohr von Brabbée oder Prandl[1]. Mit seiner Hilfe und mit Hilfe des Mikromanometers mißt man den statischen Druck und den Gesamtdruck. Die Differenz beider ergibt den dynamischen Druck, aus dem man die Geschwindigkeit der Luft und daraus wiederum die Durchflußmenge errechnet.

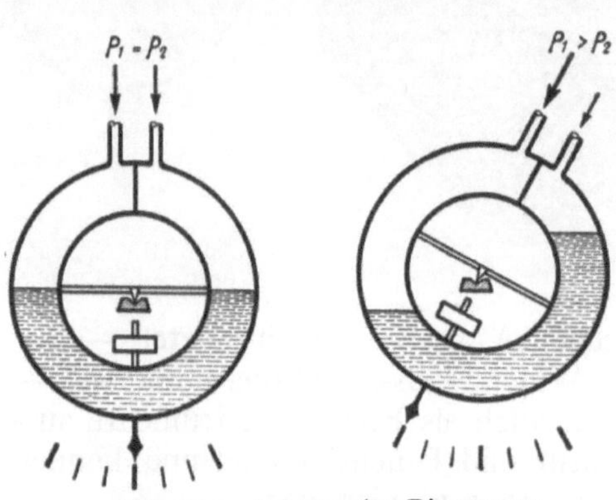

Abb. 11a. Schema der Ringwaage.

Bei neueren Lüftungsanlagen mit Fernanzeigevorrich-

[1] Vgl. Spezialliteratur, z. B. Behrens, Die Lüftung von Aufenthalts- und Versammlungsräumen, Abschn. 10. Berlin 1933. Verlag des Kuratoriums der Zeitschrift Heizung und Lüftung.

tungen werden vielfach Instrumente in die Schalttafeln eingebaut, die auf einem Zifferblatt bereits die Luftgeschwindigkeit in m/sec anzeigen.

Für die Messung des Druckes und der Durchflußmenge bedient man sich ferner auch der Ringwaage (vgl. Abb. 11). Ist $P_1 > P_2$, so wird das Wasser im rechten Ringteil hochgedrückt, der Ring neigt sich über und der Zeiger unten gibt einen bestimmten Ausschlag. Ruhe tritt erst ein, wenn der Luftdruck und das Wasserübergewicht einander gleich sind.

b) Die Auftriebslüftung.

Die Lüftungseinrichtungen hat man vielfach in 2 Gruppen eingeteilt: natürliche und künstliche Lüftung. Über eine genauere Kennzeichnung der einen oder der anderen Gruppe war bisher keine Einigkeit zu erzielen. Ohne auf die landläufigen Bezeichnungen ganz zu verzichten, ist im folgenden in der Regel unterschieden zwischen „Auftriebs-“ und „kraftbetriebener“ Lüftung. Zu letzterer gehören diejenigen Anlagen, die sich maschineller Kraft in irgendeiner Form bedienen. Alles übrige fällt unter den Begriff „Auftriebslüftung“.

Für den „Normalarbeitsraum“ ist die Auftriebslüftung sehr verbreitet, da hier eine kraftbetriebene Be- und Entlüftungsanlage vielfach entbehrlich oder nicht erschwingbar ist. Allerdings muß der auf die Person entfallende Luftraum in der Regel größer bemessen werden, als bei maschineller Lüftung, da bei dieser ein wesentlich stärkerer Luftwechsel erzielt werden kann. Ferner muß man bei Auftriebslüftung die Frischluft nehmen, wie die Umgebung des Raumes sie liefert, d. h. mit allen auftretenden Beimengungen. Die Möglichkeit einer vorherigen Reinigung der Zuluft besteht in der Regel nicht.

Zur Auftriebslüftung rechnen die Fensterlüftung, die Selbstlüftung, die Lüftung durch Ventilationsschächte (mit und ohne Ablufterwärmung sowie mit und ohne Ausnutzung des Windes).

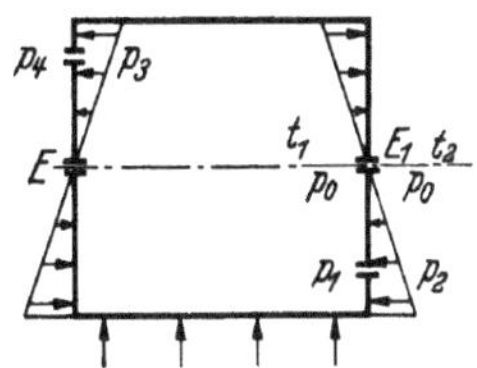

Abb. 12. Druckverteilung im geschlossenen, erwärmten Raum.

Zum Verständnis der Wirkungsweise bei der Auftriebslüftung erscheint es notwendig, kurz auf die Druckverteilung und Druckverhältnisse in erwärmten und geschlossenen Räumen einzugehen.

Im Raume A herrsche die Temperatur t_1, außerhalb des Raumes die Temperatur t_2; $t_1 > t_2$. Der Raum habe zu beiden Seiten in der Höhe der Ebenen E E_1 (Ausgleichsebene) je eine Öffnung. Hier ist der Druck auf beiden Seiten gleich und beträgt p_0 kg/m². Den größten äußeren Druck, p_2, finden wir dann am Boden, den größten inneren Druck, p_3, an der Decke des Raumes (Abb. 12). Verschiebt man die Ausgleichsebene der Höhe nach, so ändern sich die Druckverhältnisse entsprechend. Befindet sie sich z. B. an der Decke des Raumes, so steht dieser überall unter äußerem Druck (Abb. 13). Letzterer kann noch weiter verstärkt werden, wenn man die Ausgleichsöffnung über die Decke hinaus nach oben verschiebt, z. B. durch Anbringen eines Luftschachtes (Abb. 14).

Die skizzierten Druckverhältnisse gelten für den Fall, daß die Raumwände völlig dicht sind und nur in der Ausgleichsebene Luft hindurchlassen. Die bei uns verwendeten Baustoffe sind jedoch fast alle mehr oder weniger porös, sodaß ein gewisser Luftausgleich selbst im vollständig tür- und fensterlosen Raume stattfindet. Die Verhältnisse liegen dann ungefähr so, als wenn sich die Ausgleichsebene in der Mitte befände.

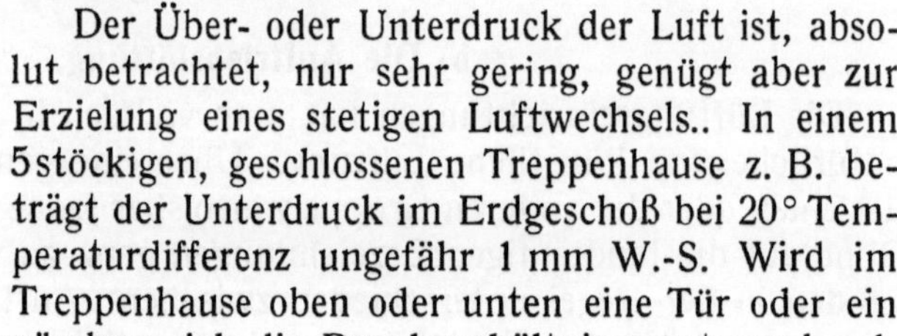

Abb. 13.

Der Über- oder Unterdruck der Luft ist, absolut betrachtet, nur sehr gering, genügt aber zur Erzielung eines stetigen Luftwechsels.. In einem 5stöckigen, geschlossenen Treppenhause z. B. beträgt der Unterdruck im Erdgeschoß bei 20° Temperaturdifferenz ungefähr 1 mm W.-S. Wird im Treppenhause oben oder unten eine Tür oder ein Fenster geöffnet, so verändern sich die Druckverhältnisse entsprechend.

In der Praxis muß man ferner noch die Wirkung des Windes berücksichtigen. Der hierdurch entstehende dynamische Druck kann bei freistehenden Gebäuden unter Umständen ziemlich hoch werden. Ohne Temperaturunterschied oder Winddruck gibt es keinen natürlichen Luftwechsel.

Bei jeder Lüftungsanlage darf man den einfachen, aber wichtigen Grundsatz nicht vergessen, daß man nur soviel Frischluft in einen Raum einführen kann, als man verbrauchte Luft abzuführen in der Lage ist. Es wäre daher falsch, nur der Luft*zu*führung Beachtung zu schenken, in der Annahme, die verbrauchte Luft finde durch die Undichtigkeiten des Raumes hinreichende Austrittsmöglichkeiten. Das ist nicht immer der Fall. Der schlechte Wirkungsgrad vieler Lüftungsanlagen ist auf die Verkennung des genannten Grundsatzes zurückzuführen.

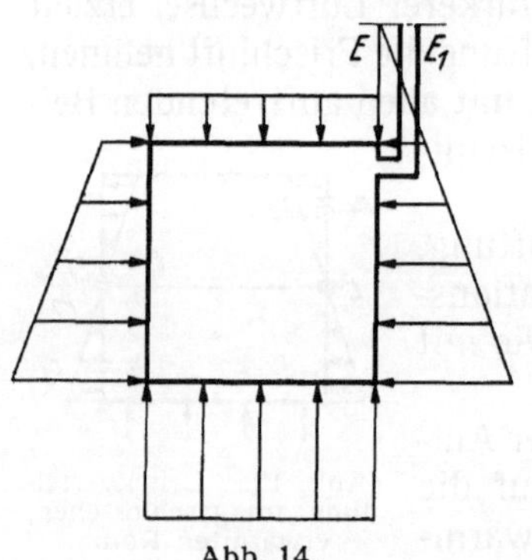

Abb. 14.

Bei der Fensterlüftung ist der zu erzielende Luftwechsel u. a. insbesondere von der öffnungsfähigen Fensterfläche, von der Lage des Fensters, von der Temperaturdifferenz und schließlich vom Winde abhängig. Die letzte Größe schwankt sehr und stellt daher einen erheblichen Unsicherheitsfaktor dar. Die zur Lüftung verwendbare Fensterfläche soll $^1/_{10}$ der Grundfläche des Raumes möglichst nicht unterschreiten.

Legt man, wie es gelegentlich vorkommt, die Lüftungsöffnung des Fensters in halbe Raumhöhe, so kann man, unter Ausschaltung des Windeinflusses, keinen guten Luftaustausch erwarten, da die Lüftungsklappe ungefähr in der Höhe der Ausgleichsebene liegt. Durch Verschieben der Luftklappe in höher gelegene Fensterteile werden zwar etwas günstigere Verhältnisse geschaffen, sie genügen aber in der Regel auch noch nicht. Notwendig ist vielmehr, einen Luftzug herbeizuführen. Bisweilen reichen dazu die Undichtigkeiten der Raumöffnungen aus. Stärkere Wirkungen lassen sich durch Öffnen eines gegenüberliegenden Fensterflügels oder einer Tür erzielen. Einen guten Luftwechsel erreicht man auch, wenn die zu öffnende Fensterfläche sich in der Senkrechten über einen möglichst großen Teil der Raumhöhe hinzieht. Dann tritt über die Unterkante der Öffnung Frischluft in den Raum, während oben die verbrauchte Luft abzieht.

Die Verhältnisse ändern sich erheblich, sobald man mit stärkerem Außenwind zu rechnen hat. Völlige Windstille haben wir selten, so daß eine gewisse Windwirkung in der Regel zu berücksichtigen ist. Die Arbeitsräume sind meistens so gebaut, daß entweder an 2 einander gegenüberliegenden Wänden Fenster geöffnet werden können, oder daß durch Öffnen einer Tür Querzug entstehen kann. Die nötige Triebkraft liefert zur Hauptsache der Wind. Freilich ist diese Art der Raumlüftung meistens nur brauchbar, wenn es möglich ist, kurze Lüftungspausen einzulegen, da ein Arbeiten unter dem starken Luftzug für viele Personen, besonders wenn sie vorher erhitzt gewesen sind, nicht erträglich ist.

In den Großstädten liegen die Fenster der Arbeitsräume oft nach eng bebauten Höfen hinaus, in welche bei geringer Luftbewegung im Freien kaum ein Luftzug dringt. Hier kommt ein anderer Umstand zu Hilfe. Die zwischen hohen Häusern liegenden Höfe wirken wie Schächte. Da in ihnen vielfach eine, wenn auch nur um weniges höhere Temperatur herrscht als auf der Straße, bildet sich in ihnen ein leichter Unterdruck, der aber genügt, um eine sanfte Luftströmung durch Torwege und Hoftüren hindurch nach oben zu verursachen. Durch Öffnen der Fenster kann man dann für die nach den Höfen zu gelegenen Arbeitsräume gewöhnlich einen noch ausreichenden Luftwechsel erzielen. Ähnlich wird an sonnigen Tagen der Luftaustausch durch die höhere Lufttemperatur auf der Sonnenseite des Gebäudes gefördert. An der Sonnenseite steigt die erwärmte Luft nach oben und zieht die verbrauchte Luft nach sich, während an der Schattenseite Luft einströmt.

Im Winter ist der Erfolg der Fensterlüftung zu einem großen Teile davon abhängig, wie Lüftung und Heizung miteinander verbunden sind. Die zur Lüftung bestimmten Fensterflügel bringt man zweckmäßig so an, daß die eintretende kalte Luft möglichst gleich von der von den Heizkörpern aufsteigenden Wärme nach oben mitgenommen und von oben her dann gut verteilt wird. Bei Zentralheizung legt man daher die Heizkörper gern unter oder an die Fensterbänke.

Eine besondere Vereinigung von Heizung und Lüftung stellen die Stumpf-O-S-Fenster dar, bei denen die verbrauchte Luft im oberen Teil abzieht, während unten ständig Frischluft einströmt, welche durch die Heizkörper sofort vorgewärmt wird. Auf diese Spezialfenster wird später bei geeigneter Gelegenheit näher eingegangen werden (vgl. S. 63).

Gegenüber anderen Lüftungsarten hat die Fensterlüftung den Vorteil der Billigkeit und Einfachheit. Da die meisten Arbeitsräume schon zum Belichten eine große Fensterfläche benötigen, braucht gewöhnlich nur ein Teil davon zum Lüften eingerichtet zu werden.

Ein Luftwechsel im Raume findet aber praktisch nicht nur bei geöffneten Fenstern und Türen, sondern auch schon bei geschlossenen statt. Man spricht dann von Selbstlüftung eines Raumes und versteht darunter den Luftwechsel, den die Undichtigkeiten der Raumöffnungen sowie die Porösität der Baumaterialien hervorrufen. Ofenbeheizte Räume sind für den Luftwechsel meistens günstiger als mit Zentralheizung versehene, weil die direkte Feuerung sich ihre Verbrennungsluft aus dem beheizten Raume nimmt und dadurch den ständigen Luftzustrom fördert. Die Untersuchungen von Pettenkofer, Lange und Gosebruch haben ergeben, daß der Luftwechsel durch die Poren der Wände verschwindend gering ist gegenüber demjenigen durch andere Raumundichtigkeiten[1]. Verhältnismäßig gut luftdurchlässig sind Kalkstein, Luftmörtel und Beton, weniger gut Ziegel und unglasierte Klinker. Die Luftdurchlässigkeit der Baumaterialien ist sehr von Zufälligkeiten abhängig, die oft bei gleichen Stoffen erhebliche Unterschiede hervorrufen können.

Die Intensität der Selbstlüftung hängt, wie bei der Fensterlüftung, außer von der Temperaturdifferenz zwischen Innen- und Außenluft stark vom Winde ab. Nach den Erfahrungen von Kisskalt erneuert sich die Luft im geschlossenen Raume bei einfachen Fenstern und annähernd Windstille 0,3 bis 2,7mal in der Stunde. Die niedrigen Werte gelten dabei für die wärmere, die hohen für die kältere Jahreszeit; bei starkem Winde kann der Luftwechsel bis zu 10mal in der Stunde steigen. Doppelfenster setzen den Luftwechsel auf die Hälfte herab. Meistens kommt man bei dicht schließenden Türen und Fenstern und mäßigen Winden nicht über einen 1—2maligen Luftwechsel in der Stunde hinaus.

Wie bereits früher dargelegt, benötigt der erwachsene Mensch unter der Annahme eines zulässigen Höchstgehaltes der Luft an Kohlensäure (CO_2) von weniger als 1‰ etwa 32 cbm Luft in der Stunde. Wenn diese Luftmenge auch praktisch in vielen Fällen nicht zu erreichen ist, so läßt sich doch unter Benutzung des CO_2-Indikators für Arbeitsräume von gegebener Größe und Belegung überschläglich nachprüfen, ob der vorhandene Luftwechsel genügt oder ob er durch weitere Mittel verstärkt werden muß. Man darf allerdings den so gefundenen Ergebnissen kein allzu großes Vertrauen schenken; dafür enthalten sie zuviel Unsicherheitsfaktoren. Immerhin geben sie aber einen gewissen Anhaltspunkt, der als Richtschnur für weitere Überlegungen dienen kann. Bei starkem Winde kann der Luftwechsel durch Selbstlüftung unter Umständen so stark werden, daß er sich als Zugluft unangenehm bemerkbar macht. Dann versagt oft sogar die Heizung. Man kann sich hiergegen durch sachgemäße Bauweise schützen, z. B. durch hinreichend starke Mauern, gut passende Tür- und Fensterverschlüsse, Doppelfenster u. ä.

Die Selbstlüftung ist eine zusätzliche Lüftung, die ständig neben sonstigen Lüftungsarten wirkt.

---

[1] Vgl. Lang, Über natürliche Ventilation und Porösität der Baumaterialien. Stuttgart 1877. — Gosebruch, Über die Durchlässigkeit der Baumaterialien. Berlin: Diss. 1897.

In manchen Räumen, namentlich in größeren Betrieben, reicht die Fensterlüftung auch unter Einschluß der ständig wirkenden Selbstlüftung nicht aus. Bisweilen ist sie auch nicht anwendbar (z. B. in Kopieranstalten, Filmfabriken u. dgl., wo in verdunkelten Räumen gearbeitet werden muß). Man versieht dann die Wände mit besonderen Öffnungen, welche entweder unmittelbar ins Freie führen oder zunächst in einen Schacht münden, der meistens über Dach endigt. Die Größe der Öffnungen richtet sich nach dem erforderlichen Luftbedarf; die Art ihrer Ausführung ist sehr mannigfaltig. Die beste Wirkung erzielt man durch Entlüftungsschächte, die möglichst hoch über dem Arbeitsraume ausmünden. Die Ausgleichsebene liegt dann über der Raumdecke, so daß sich der Arbeitsraum unter entsprechend starkem Unterdruck befindet (vgl. Abb. 14). Die durch den Schacht abströmende Luft muß irgendwie durch Hinzutreten frischer Luft ersetzt werden. Läßt man es bei einem Abluftkanal bewenden, so muß man mit der Zuluft vorlieb nehmen, welche durch Türritzen und sonstige Undichtigkeiten in den Arbeitsraum eindringt. Sie stammt häufig aus verstaubten Nachbarräumen, ist verbraucht und nicht selten mit unangenehmen Gerüchen und Beimengungen behaftet. Einwandfreie Zuluft erhält man, wenn man außer dem Abluftschacht auch einen Zuluftkanal einbaut, der von einer Stelle ausgeht, an welcher die Luft wirklich rein ist. Man sollte es vermeiden, die Einströmöffnungen der Zuluftkanäle nach der Straßenseite hin zu legen; es empfiehlt sich vielmehr, sie möglichst von Gärten oder Freiplätzen ausgehen zu lassen, welche dem Straßenlärm und -staub nicht unmittelbar ausgesetzt sind. Man sollte sie ferner nicht zu niedrig über dem Erdboden anbringen. Mit Rücksicht auf den Strömungswiderstand muß man bei der gewöhnlichen Auftriebslüftung in der Regel auf Vorrichtungen zur Reinigung der Luft, wie feinmaschige Siebe und Prallflächen, verzichten.

Bei der Lüftung durch Schächte und Öffnungen in den Wänden ist es zweckmäßig, ebenso wie bei der Fensterlüftung, Raumheizung und Luftzuführung aufeinander abzustellen. Die Öffnungen für die Zuluft legt man dann möglichst so, daß der Luftstrom sofort an einem Heizkörper entlang nach oben geführt wird. Am besten eignen sich dafür Öffnungen der Raumwand in der Nähe der Unterkante der Heizkörper. Sie haben jedoch den Nachteil, daß oft Schnee und Regen mit dem Winde in den Raum getrieben werden und daß sich, namentlich wenn die Heizung nicht oder nur mäßig angestellt ist, Personen in nächster Umgebung der Öffnung kaum längere Zeit aufhalten können, weil sie lästigem Zugwind ausgesetzt sind. Die tiefliegenden Zuluftöffnungen haben den weiteren Nachteil, daß sie leicht zu Ansammlungen kalter Luftmengen über dem Fußboden und damit zu kalten Füßen Anlaß geben. Jalousieartige Regulierungsklappen vor den Lufteintrittsöffnungen halten zwar Wasser und Wind etwas fern, hemmen dann aber auch den Luftzutritt. Bei entsprechender Konstruktion der Klappen, z. B. in der Form von Schuppengittern (vgl. Abb. 15 und 16) wird der Luftstrom abgelenkt und sofort nach allen Seiten hin zerstreut, so daß die Zugerscheinungen in der Nähe der Lufteintrittsöffnungen dadurch wesentlich gemildert werden. Zu beachten ist, daß die Reinigungsmöglichkeit sowohl der Luftkanäle als auch der Heizkörper nicht beeinträchtigt werden darf. Sonst sammeln sich hier erhebliche Mengen Schmutz und Staub an und verschlechtern die Frischluft bereits vor ihrem Gebrauch.

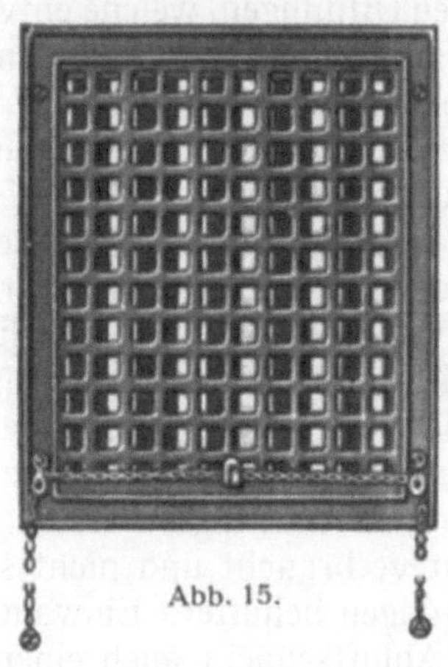

Abb. 15.

Abb. 16.
Regulierungs- und Schutzklappen vor Lufteintrittsöffnungen.

Da der Luftwechsel mittels Luftschächte ebenfalls von dem Temperaturunterschied zwischen Innen- und Außenluft abhängig ist, ist er im Winter wirksamer als im Sommer und sinkt, sobald die Außenluft nahezu ebenso warm ist wie die Raumluft, auf ein praktisch nicht mehr ausreichendes Maß herab. Um wieder genügenden Auftrieb zu erzielen, muß man dann zu künstlichen Hilfsmitteln greifen. Man baut entweder einen

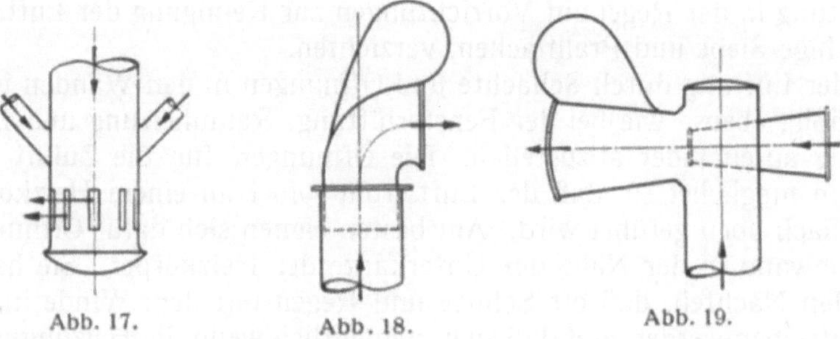

Abb. 17. Abb. 18. Abb. 19.

Ventilator in den Schacht ein oder man versieht ihn mit einer Heizvorrichtung, im einfachsten Falle mit einer Kerze oder Gasflamme[1]. Sobald dadurch die Abluft genügend erwärmt ist, setzt die Luftströmung nach oben wieder ein. Die Notwendigkeit zur Anwendung künstlicher Mittel ergibt sich besonders dann, wenn die Sonne in den Abluftschacht scheint. Man kann diesem Übelstande auch von vornherein dadurch ausweichen, daß man die Schachtmündungen an eine schattige Seite (Nordseite) legt oder mit einer Schutzkappe versieht.

[1] Man kann auch jede andere Heizvorrichtung verwenden.

Ein arger Störenfried der Be- und Entlüftung durch Schächte ist der Wind. Er kann den Wert dieser an sich guten Einrichtung sehr herabsetzen, wenn man keine Vorkehrungen trifft, seine ungünstigen Einwirkungen aufzuheben oder wenigstens stark zu mildern. Man erreicht das durch Lüfteraufsätze, auch Saugköpfe genannt, die man auf die Mündung des Luftschachtes setzt. Dank ihrer besonderen Bauart rufen sie im Schacht eine Saugwirkung hervor, wenn der Wind über die Öffnung streicht. Die Abb. 17—19 zeigen einige ältere Ausführungsarten von Saugern, teils mit feststehendem, teils mit drehbarem Kopf. Man hat eingehende Versuche zwecks Ermittlung der günstigsten Formen von Saugern angestellt[1] und dabei gefunden, daß weder die eine noch die andere Form als die absolut beste zu bezeichnen ist, sondern daß man in der Regel nur von einer relativen Wertigkeit sprechen kann, die in starkem Maße von der Größe des angeschlossenen Widerstandes abhängig ist.

Abb. 20. Neuzeitlicher Saugkopf.

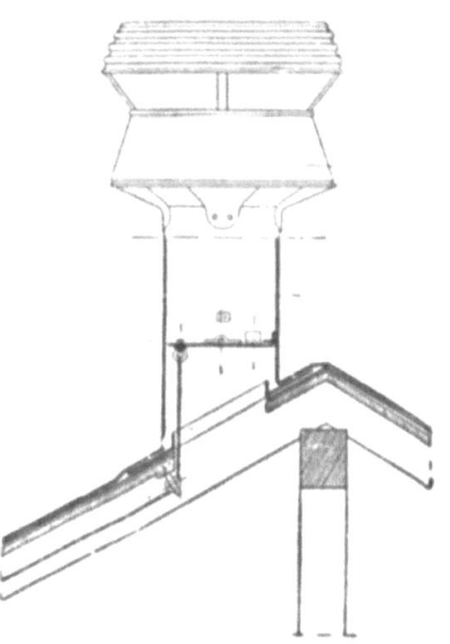

Abb. 21. Johns Luftsauger ohne Schutzsieb.

Recht brauchbar haben sich einige Neukonstruktionen erwiesen, wie sie z. B. in Abb. 20 und 21 dargestellt werden. Diese Sauger wirken bereits bei mäßigem Luftzug. Gegenüber den meisten älteren Konstruktionen bieten sie den Vorteil, daß sie bei Windstille das Entweichen der Luft nicht nennenswert behindern. Dieser Vorteil verringert sich allerdings etwas, wenn man an den Öffnungen des Saugers feinmaschige Siebe

Abb. 22. Aspirator-Woneja-Lüfterkopf.

[1] Vgl. Meuth, Welcher Kamin zieht am besten? Arch. Wärmewirtsch. **1933**, H. 9; **1934**, H. 9 — Rietschel, Versuch über die Wirkung von Saugern. Gesdh.ing. **1906**, H. 29 — Back, Die Ermittlung der relativen Wertigkeit windbetätigter Saughauben. Gesdh.ing. **1932**, H. 51.

oder Jalousieklappen zum Fernhalten von Fremdkörpern (z. B. Schnee oder Hagel) anbringt.

Eine andere Konstruktion von Saugern zwecks Dienstbarmachung der Windkraft für den Luftauftrieb zeigen die Abb. 22—24. Der „Aspirator Woneja"-Lüfterkopf[1] sitzt fest auf. Die Saugwirkung geschieht durch die zwangsläufige Führung jeder auftretenden, beliebig gerichteten Luftbewegung unter Vermeidung eines Rückstaues. Da der Lüfterkopf oben geschlossen ist, bildet er einen guten Schutz gegen Regen, Hagel und Schnee, so daß er für alle Größen von Lüftungsschächten verwendbar ist[2]. Auch bei geringeren Temperaturunterschieden wird dank der besonderen Konstruktion bereits eine gute Saugwirkung erzielt. Jede leiseste Luftbewegung läßt sich ausnutzen.

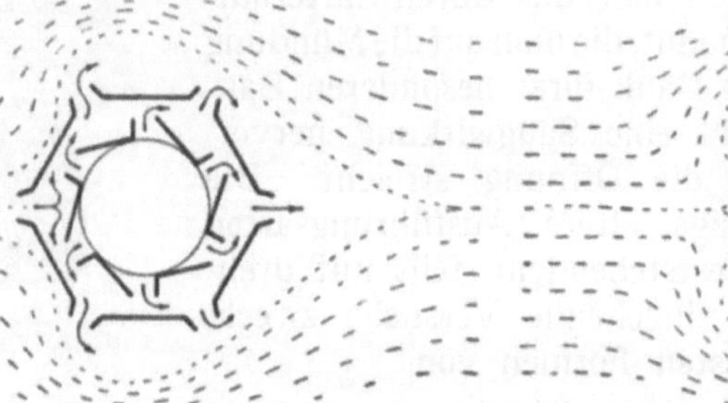

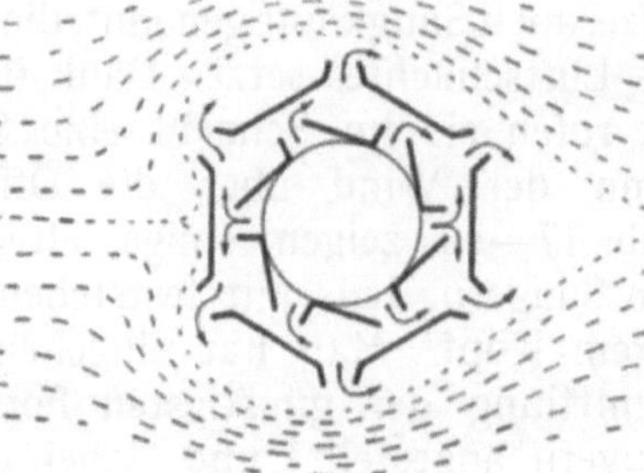

Abb. 23 und 24. Luftströmung beim „Aspirator-Woneja"-Lüfter.

Eine dritte Art von Saugern ist in Abb. 25 und 26 dargestellt. Der Kubo-Stator[3] besitzt einen quadratischen Kopf auf einem zylinderförmigen oder viereckigen Hals. Die Abluft tritt unterhalb des Kopfes an den vorspringenden Ecken ins

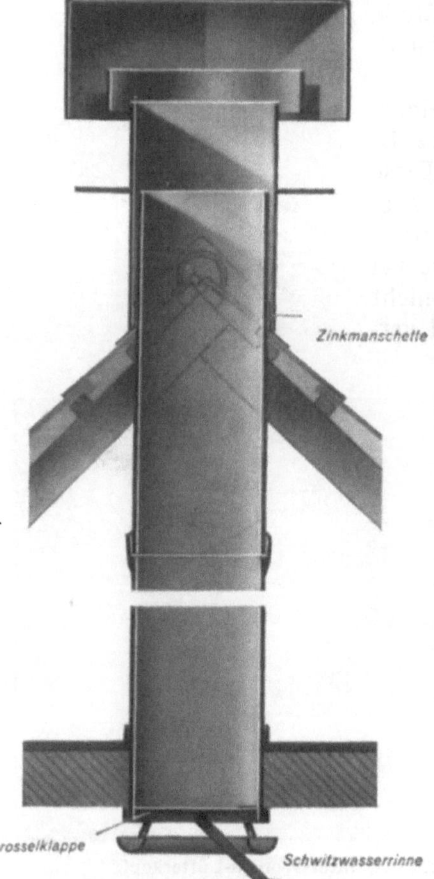

Abb. 25. „Kubo-Stator"-Lüfter.

[1] Vertrieb durch die Firma Wolf Netter & Jakobi-Werke, Berlin—Langscheide—Frankfurt a. M.

[2] Ein Lüfter von 320 mm lichtem Durchmesser z. B. kostet ohne Zubehör 46 RM.

[3] Hersteller Aktiengesellschaft Torfit, Hemelingen bei Bremen.

Freie. Der unter dem Kopf angebrachte horizontale Flansch dient zur Luftführung. Schräg von oben einfallender Wind wird durch den Flansch horizontal abgelenkt und erzeugt eine Saugwirkung auf die nach unten gerichtete Öffnung. Findet eine Luftströmung von unten nach oben statt, so staut sich der Luftstrom an dem Flansch und fließt dann an dessen Unterseite vorbei. Auch dadurch entsteht eine Saugwirkung. Am vorteilhaftesten ist natürlich horizontale Luftströmung. Dieser Lüfter wird aus einem Spezialmaterial (Toschi) hergestellt, einer Asbest-Zement-Mischung, die sich durch gute Wetterbeständigkeit, Festigkeit und mäßiges Gewicht auszeichnet. Der Lüfter kann auch durch eine

Abb. 26. Entlüftung mittels „Kubo-Stator"-Saugers.

Verschlußkappe mit Gummidichtung abschließbar gemacht werden. Die Betätigung geschieht vom Fußboden aus durch zwei Spannseile mit Hebelübertragung.

Statt Lüftungsschächte baut man vielfach „Dachreiter", d. h. kurze Erhebungen über den höchsten Punkt des Daches. Man trifft bisweilen auch Konstruktionen an, die als Mittelding zwischen Luftschacht und Dachreiter anzusehen sind. Die Dachreiter und die ihnen ähnlichen Entlüftungseinrichtungen sind noch mehr als die üblichen Luftschächte den Witterungseinflüssen ausgesetzt, vor allem der Einwirkung des Windes, der unter Umständen jeden Auftrieb der Abluft verhindern kann, wenn man ihn frei schalten läßt. Bei älteren Anlagen behalf man sich damit, daß man außer der Überdachung an den Seiten jalousieartige, verstellbare Klappen anbrachte. Diese haben sich aber nicht bewährt. Ihre Wirkung ist nur schwach (Abb. 27 und 28). Durch ständige Regulierung der Lattenstellung kann man die Nachteile zwar mildern; meistens wendet man aber der Wartung der Dachreiter keine besondere Aufmerksamkeit zu, so daß sie sich selten in der zur jeweiligen Windrichtung und -stärke gerade passenden Einstellung befinden. Bisweilen verquellen die Jalousien oder

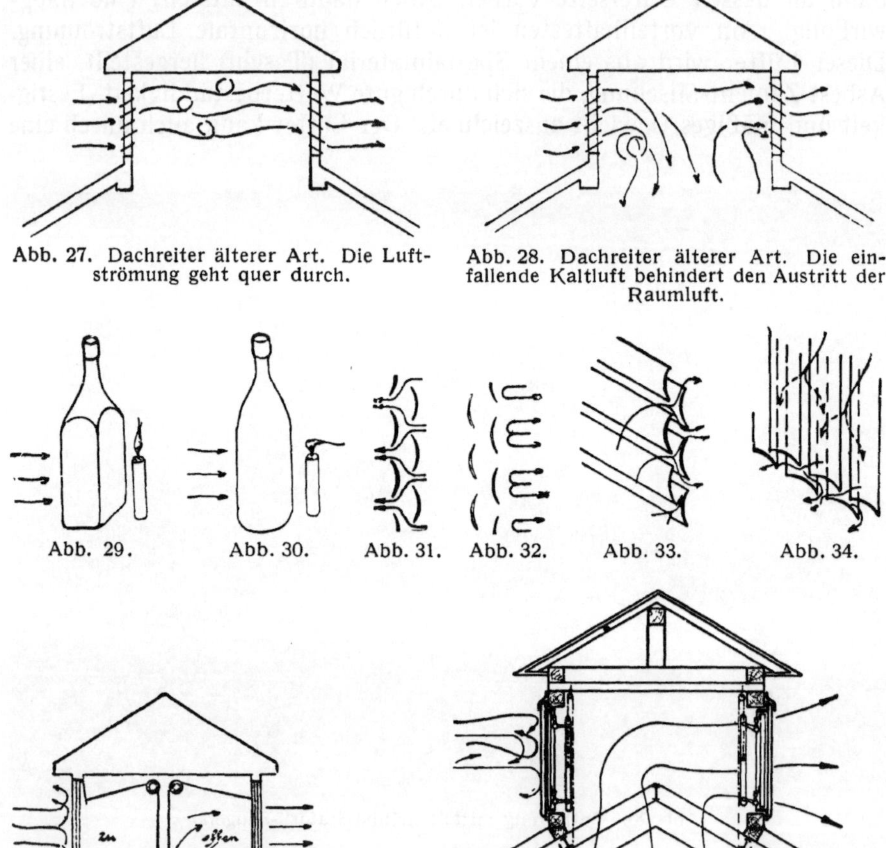

Abb. 27. Dachreiter älterer Art. Die Luftströmung geht quer durch.

Abb. 28. Dachreiter älterer Art. Die einfallende Kaltluft behindert den Austritt der Raumluft.

Abb. 29. Abb. 30. Abb. 31. Abb. 32. Abb. 33. Abb. 34.

Abb. 35. Querschnitt durch einen Dachreiter mit feststehenden Johnschen Vakuum- und Lüftungseinsätzen.

Abb. 36. Querschnitt durch einen Dachreiter mit regulierbaren Johnschen Vakuum-Lüftungseinsätzen.

rosten gar fest. Man hat nun in neueren Konstruktionen, die insbesondere von der Firma I. A. John A.-G., Erfurt, herausgebracht wurden, diese Nachteile wesentlich mildern können. Dabei ist man von der Erfahrung ausgegangen, daß konkave Flächen besser die Luftströmung zurückweisen als gerade, konvexe dagegen geringeren Widerstand für den Luftdurchgang bieten als gerade. In Ausnutzung dieser Erkenntnis hat man die seitlichen Austrittsöffnungen der Abluft mit gekrümmten Flächen verdeckt, deren konkave Seite der Außenluft zugekehrt ist. Die Flächen sind versetzt in zwei Reihen hintereinander angeordnet, so daß sich die Abluft im Zickzack hindurchwinden kann, während der von außen anfallende Wind zurückgeworfen wird und sich vor den Flächen staut. Hinter den Flächen entsteht ein gewisser Unterdruck, welcher den Auftrieb aus dem zu entlüftenden Raum fördert und die verbrauchte Luft an der windabgelegenen Seite heraussaugt. Durch die senkrechte Stellung der Lamellen wird das Abziehen der Luft wesentlich erleichtert, weil der aufsteigende Luftstrom nur eine geringe Richtungsänderung nötig hat (vgl. Abb. 29—37).

Abb. 37. Innenansicht der regulierbaren Johnschen Vakuum-Lüftungseinsätze.

Die von einem Luftschacht geförderte Luftmenge ist bei Ausschaltung des Windes abhängig von der Temperaturdifferenz zwischen Außen- und Innenluft; sie läßt sich nach bestimmten Formeln überschläglich berechnen[1].

Die Gewerbeaufsichtsbeamten stellen in der Regel anläßlich der Prüfung von Baugesuchen die nötigen Forderungen für ausreichende Lüftung von Arbeitsräumen. (Gesetzliche Grundlagen sind die §§ 120a Abs.2, 120d und 139h der RGO.) In Preußen und den meisten anderen deutschen Ländern hat man auf die Herausgabe einheitlicher Richtlinien verzichtet und die Anordnung des Erforderlichen der Beurteilung des Einzelfalles vorbehalten.

Mit der Fensterlüftung, der Selbstlüftung, der Schacht- und Dachreiterlüftung sind die wichtigsten Arten der Auftriebslüftung erschöpft. In der Praxis findet man häufig alle oder einige von ihnen miteinander verbunden.

c) Die kraftbetriebene Lüftung.

Wo die einfache Auftriebslüftung nicht mehr ausreicht, oder wo man aus anderen Gründen von den ihr anhaftenden Nachteilen befreit sein will, muß man zur kraftbetriebenen Lüftung greifen. Sie weist gegenüber der Auftriebslüftung eine Reihe bemerkenswerter Vorteile auf. Zunächst läßt sie sich den Bedürfnissen des Augenblicks anpassen und gewährleistet in der jeweiligen Einstellung einen gleichbleibenden Luftwechsel. Die verfügbaren größeren Druck- und Saugkräfte gestatten ferner die Zwischenschaltung verschiedener Apparaturen zur Vorbehandlung der Luft, wie Filter, Be- und Entfeuchtungsanlagen u. ä., ohne daß man einen ungenügenden Luftwechsel zu befürchten braucht. Es ist nur nötig, den höheren

[1] Vgl. die Spezialliteratur, z. B. Rietschel, Heiz- und Lüftungstechnik.

Kraftaufwand von vornherein in der Bemessung der Maschinenleistung zu berücksichtigen. Weiterhin wird die Ausnutzungsmöglichkeit eines Raumes verbessert, da der Luftwechsel im Vergleich zur Auftriebslüftung wesentlich erhöht werden kann. Diesen Vorteilen — die im übrigen mit den wenigen angeführten Beispielen keineswegs erschöpft sind — stehen natürlich auch gewisse Nachteile gegenüber, die man sich vor dem Einbau einer mit Kraft betriebenen Lüftung eingehend vor Augen halten muß. Derartige Anlagen sind vor allem teuer in der Herstellung und im Betrieb und bedürfen ferner einer ständigen, geschulten Wartung, wenn man mit ihnen auf die Dauer günstige Wirkungen erzielen will.

α) Einfache Lüfter. Für den Normalarbeitsraum wird auch heute noch vorzugsweise der einfache Lüfter ohne alle Nebeneinrichtungen verwendet.

Abb. 38. Fliehkraftlüfter (Benno-Schilde, Hersfeld).

Abb. 39. Schraubenlüfter.

Um mit ihm aber gute Wirkungen zu erzielen, muß eine Reihe wichtiger Gesichtspunkte beachtet werden; auf sie soll jetzt näher eingegangen werden. Dabei sei auf rechnerische und konstruktive Einzelheiten verzichtet; hierüber gibt das einschlägige Schrifttum Aufschluß[1].

Die Geburtsstätte des kraftbetriebenen Lüfters ist der Bergbau. Hier finden wir die ersten Ausführungen, bestehend aus vier geraden, um eine horizontale Achse drehbaren Flügeln mit Kurbelantrieb von Hand, später durch Maschinenkraft. Die Luft tritt in der Nähe der Achse ein und wird mittels Fliehkraft am Umfang herausgeschleudert. Aus diesen einfachen Wettermaschinen ist in stetiger Fortentwicklung der heutige „Ventilator" entstanden. Mit seiner Konstruktion sollten sich nur wirkliche Fachleute

[1] Z. B. Mode, Ventilatoranlagen. Berlin-Leipzig: de Gruyter & Co. 1931 — Wiessmann, Die Ventilatoren. Berlin: Julius Springer 1930.

befassen. Die vielen Mißerfolge mit schlechten Lüftern legen Zeugnis davon ab, daß hier nicht allein die vielgepriesenen „alten Erfahrungen" maßgebend sein dürfen, sondern daß das ganze Rüstzeug einer modernen Wissenschaft zu Hilfe genommen werden muß, wenn man wirklich leistungsfähige und auf die Dauer allen Ansprüchen gewachsene Lüfter bauen will.

Die ersten Ventilatoren waren Fliehkraftlüfter. Erst später hat man als Abart die Schraubenlüfter konstruiert. Die entscheidenden Merkmale beider Systeme sind im wesentlichen folgende: Beim Fliehkraftlüfter (Abb. 38) wird die achsial angesaugte Luft um 90° gedreht und am Radumfang wieder hinausgeschleudert. Derartige Lüfter sind meistens von einem festen, spiralförmigen Gehäuse umgeben. Sie eignen sich besonders zur Überwindung von Druckwiderständen, z. B. bei längeren und stark verzweigten Leitungen. Die langsam laufende Bauart mit größerem Durchmesser hat gegenüber der schnellaufenden mit geringem Durchmesser den Vorteil des besseren Wirkungsgrades[1]. Man teilt die Fliehkraftlüfter gewöhnlich in mehrere Druckstufen ein:

1. Niederdruck: unter 100 mm W.-S.
2. Mitteldruck: 100—200 mm W.-S.
3. Hochdruck: über 200 mm W.-S.

Abb. 40. Eingebauter Siemens-Betz-Lüfter.

Die Schraubenlüfter (Abb. 39) wirken durch Ansaugen und Fortschleudern der Luft in achsialer Richtung. Ihr Anwendungsgebiet liegt vornehmlich in der Fortbewegung größerer Luftmengen ohne nennenswerte Widerstände. Sie werden meistens in die Wand oder in ein Fenster eingebaut unter Verwendung eines möglichst kurzen Luftkanals und dienen in vielen Arbeitsräumen zum unmittelbaren Absaugen oder Eindrücken von Luft. Ist ein Widerstand zu überwinden, z. B. die Jalousieverschlüsse des Luftkanals, so verlieren die Schraubenlüfter meistens schnell an Leistungsfähigkeit. Für Druckwiderstände über 20 mm W.-S. ist der gewöhnliche Schraubenlüfter nicht mehr geeignet. Man muß dann Speziallüfter verwenden. So haben z. B. die Siemens-Schuckert-Werke einen besonderen Schraubenlüfter herausgebracht (Siemens-Betz-Lüfter), der Gegendrücke bis zu 100 mm W.-S. ohne nennenswerte Beeinträchtigung des Wirkungsgrades überwindet (vgl. Abb. 40). Dieser Hochdrucklüfter eignet sich demnach besonders für die Luftbeförderung durch längere Schächte oder durch Rohrleitungen und läßt sich senkrecht und waagerecht verwenden. So wird er z. B. zur Verstärkung der Auftriebs-

[1] Der Wirkungsgrad der Fliehkraftlüfter liegt gewöhnlich zwischen 60 und 70%.

lüftung in die Dachreiter eingebaut, oder man setzt ihn an Stelle von Heizeinrichtungen in Luftschächte. In Abb. 41 ist der Betz-Lüfter außerhalb des Raumes im Abluftrohr auf dem Dache eingebaut. Auch zur Belüftung nicht allzu großer Räume durch eine einzige Anlage mit kurzen Luftkanälen und mehreren Luftaustrittsstellen reicht gewöhnlich ein Hochdruckschraubenlüfter aus. Der Wirkungsgrad von etwa 70% — im günstigsten Falle — läßt sich durch Anbringung von Leitapparaten bis auf ungefähr 80% erhöhen. Dieser Lüfter empfiehlt sich auch bei kurzen Luftkanälen, die nach der Wetterseite zu liegen und häufig gegen stärkeren Wind zu arbeiten haben,

Die Schraubenlüfter haben gegenüber den Fliehkraftlüftern den Vorteil, daß sie sich mit Rücksicht auf die achsiale Fortführung der Luft in der Regel leichter einbauen lassen. Dazu kommt weiter, daß man bei den

Abb. 41. Hochdruck-Schraubenlüfter im Abluftrohr auf dem Dache.

Schraubenlüftern einen in vielen Fällen erwünschten Wechsel der Drehrichtung vornehmen und dadurch die Luftförderung in die umgekehrte Richtung bringen kann, allerdings auf Kosten des Wirkungsgrades. Andererseits lassen sich bei den Fliehkraftlüftern die Geräusche durch entsprechende Schaufelkrümmung in der Regel besser mildern als bei Schraubenlüftern, weil bei letzteren eine Abänderung der Flügelform oft mit einem Sinken der Leistung verbunden ist.

Für die Lüfter werden von den Lieferfirmen meistens Leistungsübersichtstabellen oder Leistungskurven aufgestellt, aus denen man den Wirkungsgrad bei bestimmter Volumenleistung und Pressung entnehmen kann. Da das richtige Ablesen und Verwerten dieser Kurvenblätter oder Tabellen für einen Nichtfachmann schwierig ist, empfiehlt es sich in solchem Falle, die Wahl der geeigneten Type und Größe nur unter fachmännischer Beratung, am einfachsten durch das Lieferwerk selbst, vorzunehmen.

Zum Antrieb der Ventilatoren dient gewöhnlich elektrische Kraft mit direkter Kupplung, meistens ein Drehstrommotor. Es läßt sich aber auch nahezu jede andere der üblichen Kraftquellen und Kraftübertragungen anwenden. Bei niedriger Drehzahl empfiehlt sich unter Umständen Riemenantrieb, insbesondere, wenn die Widerstände vorher nicht genau bekannt sind. Man ist dann in der Lage, nachträglich Leistungsänderungen durch einen Wechsel der Drehzahl vorzunehmen.

Ist mit Beimengungen von schwefliger Säure in der Raumluft zu rechnen (z. B. bei Rauchentwicklung), so muß man zur Verhütung von Anfressungen vorbeugende Maßnahmen treffen, z. B. durch geeigneten Anstrich und sorgfältige Überwachung der Anlage. Enthält die Luft Dünste von Salz-, Salpeter- oder Schwefelsäure, so ist es ratsam, den Lüfter aus säurebeständigem Material herzustellen, zum mindesten ihn mit einem säurebeständigen Überzug zu versehen.

Von Bedeutung ist es nun, ob man die verbrauchte Luft absaugen oder Frischluft einblasen oder beides gleichzeitig vornehmen, ferner ob man einen oder mehrere Lüfter verwenden soll. Saugt man nur ab, so schafft man in dem betreffenden Raum Unterdruck. Die Luft strömt aus den Nachbarräumen und der freien Umgebung in den Arbeitsraum ein. Besteht die Gefahr, daß auf diese Weise verbrauchte oder staubige Luft hineinkommt, so empfiehlt sich die alleinige Absaugung nicht; sie könnte allenfalls in Betracht kommen, wenn man das Austreten übler Gase aus einem Raum in die nächste Umgebung verhindern will (Entlüften von Aborten oder Küchen). Wird die Luft nur in den Raum eingedrückt, so zwingt der entstehende Überdruck die Raumluft, durch alle vorhandenen Undichtigkeiten zu entweichen. Es kann dabei unter Umständen ein zu hoher Überdruck im Raum entstehen, der auf die Ventilatorleistung ungünstig einwirkt und zusätzlichen Kraftverbrauch fordert. Wenn die Frischluft unmittelbar eingeblasen wird, können im Winter durch die eintretende Kaltluft Zugbelästigungen für die in der Nähe der Einblaseöffnungen befindlichen Personen entstehen. Am günstigsten ist es, insbesondere wenn mehrere Arbeitsräume aneinander grenzen, sowohl Frischluft einzublasen als auch verbrauchte Luft abzusaugen, damit sie nicht in andere Arbeitsräume mit geringerem Luftdruck überströmt. Grundsätzlich ist darauf zu achten, daß etwas mehr Luft eingedrückt als abgesaugt wird oder einfließt. Nur so erreicht man, daß schlechte oder kalte Luft aus der Nachbarschaft ferngehalten wird.

Die Anzahl der Lüfter richtet sich nach den Raumverhältnissen und nach dem Luftbedarf. In größeren Räumen erzielt man eine gute Durchspülung mit Luft am besten mit mehreren Lüftern und vermindert so den Bereich der „toten Ecken", d. h. derjenigen Stellen, an denen kein oder nur ein ganz geringer Luftwechsel stattfindet.

Ein oft schwieriges Problem ist die Geräuschdämpfung. Wirklich „geräuschlos" arbeitende Lüfter gibt es in der Praxis kaum. Für Arbeitsräume sind zwar hinsichtlich der Geräuschdämpfung meistens nicht so strenge Forderungen zu stellen wie z. B. für Konzertsäle, Theater, Kinos u. dgl. Immerhin geht das Bestreben doch dahin, stärkere Geräusche auch in Arbeitsräumen möglichst zu vermeiden, um den beschäftigten

Personen unnötige Nervenbeanspruchungen fernzuhalten. Das gilt in erster Linie für Räume, in denen entsprechend der Art der Arbeit nur geringe Arbeitsgeräusche auftreten (z. B. Sortierereien, Handnähereien) oder wo zur gewissenhaften Verrichtung der Arbeit größtmögliche Ruhe erwünscht ist (z. B. Büros, Tonfilmateliers).

Die Geräusche können einmal von den Lagern der Propeller oder Motoren ausgehen. Es treten dabei leicht Schwingungen auf, die sich in Form von Erschütterungen und Lärm fortpflanzen. Um einen ruhigen Gang zu erzielen, empfiehlt es sich, auf gute Auswuchtung der Flügelräder zu achten und große Sorgfalt auf ihren Bau zu verwenden. Ferner ist es zweckmäßig, die Ventilatoren, insbesondere die Antriebsmaschinen, auf schwingungsdämpfenden Unterlagen zu montieren (Filz) oder Speziallüfter zu verwenden. In allen Fällen, in denen eine Dämpfung der Geräusche angestrebt wird, empfiehlt es sich, Spezialfirmen heranzuziehen, welche auf dem Gebiete der Schwingungs- und Schalldämpfung Erfahrungen besitzen.

Zu diesen gewöhnlich als „Körperschall" bezeichneten Störungsquellen kommt als weitere häufig noch der sog. „Luftschall" hinzu. Hierunter fällt in erster Linie das unangenehme Brummen der Lüfter, das durch die Schläge der Flügel auf die Luft entsteht. Bei höheren Drehzahlen tritt es stärker auf als bei niedrigeren. Seine Beseitigung gelingt bisweilen durch einen Wechsel der Art und Zahl der Flügel. Auch die Änderung der Ein- und Ausströmwinkel der Luft (Schaufelkrümmung) oder der Steigung der Propellerflügel kann unter Umständen schon dämpfend wirken. Jegliche Resonanzwirkung ist zu vermeiden.

Weniger unangenehm als das Brummen, häufig aber auch noch störend, ist das Rauschen des Lüfters, das gewöhnlich von zu großer Luftströmung und Reibung an den Wänden der Luftkanäle oder den Drahtgeweben herrührt. Diese Geräusche lassen sich zwar nicht vollständig beseitigen, aber durch technische Maßnahmen doch meistens wesentlich dämpfen. Vor allem muß man in den Luftkanälen Kanten und strömungstechnisch ungünstige Einführungsstellen vermeiden. Die Drahtgitter an den Lufteintrittsstellen dürfen nicht mit zu kleinen Öffnungen ausgeführt werden. Die Wirkung des Lüfters regelt man vielfach durch feststellbare Jalousieklappen. Dadurch beeinträchtigt man den Wirkungsgrad merklich[1]. Zweckmäßiger ist es, statt dessen einen Antrieb für verstellbare Drehzahl zu wählen, z. B. eine Stufenscheibe bei Riemenantrieb oder einen regelbaren Motor bei direktem Antrieb. Auch die durch den Luftstrom des Propellers bewegten, horizontalen Jalousieklappen zum Abschluß des Ventilatorkanals sind nicht gerade zweckmäßig. Sie erhöhen den Widerstand, besonders wenn der Wind darauf steht, verursachen klappernde Geräusche, haben keine lange Lebensdauer und schließen nach kurzer Zeit nicht mehr richtig. Wenn man schon bewegliche Jalousieklappen verwenden will, sollte man senkrecht stehende wählen, welche nach Ein-

[1] Die feststellbaren Jalousieklappen eignen sich allenfalls zum Lenken der Luftströmung und zum Abschluß des Ventilatorkanals.

schalten des Ventilators in geöffneter Stellung verbleiben und sich vom Winde nicht zurückdrängen lassen[1]. Erst nach dem Abschalten des Lüfters fallen sie infolge geringer Schrägstellung des Verschlußdeckels in die ursprüngliche Lage zurück. Als Material für Jalousieklappenverschlüsse wählt man heute mit Rücksicht auf geringes Gewicht vielfach Aluminium.

Vom Standpunkt eines möglichst geringen Widerstandes sind die „Iris"-Verschlüsse bei Lüfterkanälen zu empfehlen. Sie wirken ähnlich den Linsenverschlüssen am Photoapparat. Die Lüfterwirkung läßt sich mit dem Irisverschluß nicht steuern.

Kraftbetriebene Lüfter bringen zwar einige Unfallgefahren mit sich; diese lassen sich aber durch entsprechende Schutzeinrichtungen vermeiden. So kann man z. B. die Kanäle, in denen die Lüfterflügel arbeiten, leicht durch Drahtgeflecht absperren. Bei freistehenden Lüftern umkleidet man das gesamte Flügelrad mit Drahtgeflecht. Man darf jedoch die Maschen mit Rücksicht auf den Luftwiderstand nicht enger wählen als der Unfallschutz es erfordert. Ferner ist es zweckmäßig, durch Belehrungen und durch Anschläge in der Nähe des Motors die Gefolgschaft darauf hinzuweisen, daß der Motor stromlos gemacht werden muß, bevor irgendwelche Arbeiten am Lüfter vorgenommen werden.

β) Luftführung und Vermeidung von Zugluft. Man kann bei der kraftbetriebenen Lüftung zwei Arten unterscheiden: Einmal die Verwendung von Einzelapparaten, wobei jeder Luftkanal mit einem Lüfter versehen ist und völlig selbständig arbeitet; ferner die Verwendung eines Zentralsystems, bei dem die Luft unter Einschaltung eines einzigen Lüfters mit Hilfe eines mehr oder weniger verzweigten Kanalsystems eingedrückt oder abgesaugt wird. Die Lüftung durch Einzelapparate dürfte bei „Normalarbeitsräumen" am häufigsten anzutreffen sein. Die Kanäle, in denen der Lüfter arbeitet, sind meist kurz und ohne Krümmungen. Sie müssen oft und gut gereinigt werden (mindestens alle 6—9 Monate). Das ist dringend notwendig, da Lüftungsanlagen erfahrungsgemäß leicht und schnell verschmutzen und dann die für den Arbeitsraum bestimmte Atemluft bereits vor ihrer Verwendung verunreinigen. Die vielfach verbreitete Auffassung, daß Lüftungsanlagen sich selbst reinigen, ist ein Irrtum. Schon die in jeder Werkstatt vorkommenden Betriebspausen lassen die Luftkanäle mit der Zeit verschmutzen. Als Baumaterial für Luftleitungen kommen Mauerwerk, Metall oder Spezialstoffe, wie z. B. Toschi[2], eine Mischung aus Zement und Asbest, in Frage.

Bei Anwendung längerer Kanäle und Rohrleitungen, wie sie eine zentrale Lüftungsanlage in der Regel erfordert, muß man auf einen möglichst geringen Strömungswiderstand hinarbeiten. Dieser läßt sich einmal durch Verwendung glattwandiger Materialien (Blechrohr oder Toschi-

[1] Derartige Verschlüsse werden z. B. hergestellt von der Metallwarenfabrik Krucz, Berlin.

[2] Hergestellt von den Torfit-Werken in Hemelingen bei Bremen.

Kanäle), ferner durch strömungstechnisch einwandfreie Herstellung und Anlage der Rohre und Kanäle erzielen. Von einer weitgehenden Herabsetzung der Strömungsgeschwindigkeit nimmt man heute aus später zu erwähnenden Gründen vielfach Abstand. Möglichst glatte Wandungen der Kanäle sind schon deshalb sehr erwünscht, um sie gut reinigen zu können und die Bildung von Schmutzstellen durch abbröckelnde Teile zu vermeiden.

Die Konstruktion der Luftkanäle und Rohrleitungen sowie deren zweckmäßige Anordnung gehört mit zu den schwierigsten Aufgaben beim Bau einer Lüftungsanlage und ist in hohem Grade der Gefahr des Mißlingens ausgesetzt. Die vielen zu beachtenden Gesichtspunkte lassen es zweckmäßig erscheinen, die Be- und Entlüftungseinrichtung nicht erst nach Fertigstellung des Rohbaues eines Bauvorhabens, sondern schon gleich beim Entwurf der ersten Baupläne in Angriff zu nehmen, um ein harmonisches Ineinanderpassen des Luftkanalnetzes mit den übrigen Bauteilen sicherzustellen. Hinsichtlich der Berechnung der Kanäle und der Luftmengen, welche zu- oder abgeführt werden müssen, wird auf das Sonderschrifttum verwiesen[1].

Die Ein- und Austrittsöffnungen für die Luft können in mannigfacher Weise angelegt werden. Bei Verwendung von Einzellüftungsapparaten ist der Anbringung einer größeren Anzahl von Ein- und Austrittsstellen für Luft aus technischen und wirtschaftlichen Gründen meistens bald eine Grenze gesetzt. Bei Zentralanlagen empfiehlt es sich, die Luft aus möglichst vielen Öffnungen austreten zu lassen, besonders in größeren Räumen. Je zahlreicher die Öffnungen sind, um so besser ist die Durchspülung des Raumes und um so weniger hat man Zugbelästigungen zu befürchten. Die Austrittsstellen der Luft zeigen sehr verschiedene Ausführungsformen. Bald sind es einfache, rechteckige Schlitze, bald quadratische oder runde Öffnungen, mitunter findet man kurze Rohrstutzen mit daran anschließenden düsenförmigen Öffnungen usw. Vielfach sind Regelvorrichtungen an den Austrittsstellen angebracht. Um den Wirkungsgrad möglichst günstig zu gestalten, muß man darauf achten, daß die Luftleitungen keine Undichtigkeiten enthalten, daß sie also keine „Nebenluft“ bekommen.

In den oberen Teilen eines Raumes bietet die unauffällige Unterbringung der Luftein- und -austrittsöffnungen selten Schwierigkeiten. Man bedient sich einfacher viereckiger Wand- oder Deckendurchbrechungen. Nicht so einfach ist meistens die Anlage der Luftöffnungen im unteren Teil der Räume. Horizontale Öffnungen im Fußboden scheiden meistens aus, weil sie die Staubentwicklung fördern. Es bleiben also in der Regel nur senkrechte Öffnungen übrig. An der glatten Wand fehlt für sie häufig der Platz, oder sie passen architektonisch nicht hinein. Man bringt sie daher oft in Verbindung mit Raumeinheiten (z. B. Pfeilern, Vorsprüngen) an und fügt sie auf diese Weise unauffällig in die Architektur ein. Es gehört aber eine große Erfahrung und Geschicklichkeit dazu, um neben einer gefälligen Wirkung auf das Auge auch eine gute technische Lösung zu finden.

[1] Z. B. Mode, Ventilatorenanlagen, oder Rietschel, Heizungs- und Lüftungstechnik.

Wie soll sich nun die Luft im Raume bewegen? Allgemein gesagt muß das Bestreben dahin gehen, daß die in den Arbeitsräumen vorhandene reinste Luftschicht sich in Nasenhöhe befindet. Die eintretende reine Luft soll sich möglichst gleichmäßig ausbreiten und die verbrauchte Luft gegen die Austrittsöffnungen drängen. Sie soll aber die Raumluft nicht vor sich herschieben, sondern in sie eindringen. Nur so vermeidet man störende örtliche Unterschiede in der Luftbeschaffenheit. Die Frischluft soll ihren Weg erst durch den Atembereich der arbeitenden Menschen nehmen, bevor sie an Maschinen, Feuer- und sonstige Verbrauchsstellen gelangt. Luftstauungen an Arbeitsplätzen sind unerwünscht.

Diese theoretischen Grundsätze lassen sich in der Praxis selten vollständig verwirklichen. Das Bestreben der Luft, den kürzesten Weg zwischen Ein- und Austriffsöffnung zu wählen, erschwert z. B. die gleichmäßige Luftverteilung sehr. Die Anlage zahlreicher Ein- und Austrittsöffnungen begünstigt sie zwar, erfordert aber meistens die Überwindung erheblicher Schwierigkeiten bei der Anordnung der Luftleitungen.

Eine oft umstrittene Frage ist die, ob man die Luft von oben einführen und unten absaugen oder ob man umgekehrt verfahren soll. Wollte man den Grundsatz genau befolgen, die Luft den menschlichen Atmungsorganen auf möglichst kurzem Wege zuzuführen, so müßte man sie durch zahlreiche Öffnungen im Fußboden einströmen lassen. Das ist jedoch in der Regel nicht möglich und auch nicht immer zweckmäßig. Eine gleichmäßige, gute Durchspülung der Raumluft erzielt man dadurch, daß man warme Luft im oberen Teil einbläst und die verbrauchte dann im unteren absaugt. Kalte Luft, d. h. Luft, deren Temperatur unter der Raumtemperatur liegt, bläst man vielfach in mittlerer Höhe oder oben ein und saugt dann oben ab. In beiden Fällen ist der Luftweg dem natürlichen Auftrieb entgegengesetzt. Die warme Luft wird also gewaltsam nach unten, die kalte nach oben gezogen. Diese Art der Luftführung ist ursprünglich ein französischer Gedanke. Auch in Deutschland ist sie seit kurzem häufiger anzutreffen. Neben ihren unbestreitbaren Vorzügen hat sie hauptsächlich den Nachteil, daß sie mit einem größeren Lüftungsbedürfnis arbeitet, d. h. sie verlangt eine stärkere Maschinenleistung und wird daher in Herstellung und Betrieb teurer als eine Anlage, welche sich die natürliche Luftströmung zunutze macht. Bei letzterer wiederum muß man damit rechnen, daß z. B. unten eingeblasene Warmluft schnell nach oben durchschießt und von der Absaugeleitung sofort wieder mitgenommen wird. Infolgedessen bleibt ein großer Teil des Raumes ohne nennenswerten Luftwechsel, während in anderen Teilen Zugbelästigungen auftreten (Abb. 42 und 43). Die praktischen Erfahrungen haben gezeigt, daß beide Lüftungsarten je nach Lage des Falles ihre Berechtigung haben.

Man darf sich nicht starr an die oben erwähnten Regeln der Luftführung binden; sie gelten, da auch noch andere Gesichtspunkte maßgebend sind, nur als Richtlinien, von denen man je nach den Umständen abweichen kann. Bei Räumen z. B., die im Verhältnis zur Länge und Breite nur eine geringe Höhe aufweisen, ist es nicht mehr von ausschlaggebender Bedeutung, ob man die Frischluft von oben oder von unten hineinschickt. Hier wendet man am besten Querlüftung an, d. h. man legt Einblase- und Absaugeöffnungen in gleicher Höhe in einander gegenüberliegende Wände (Abb. 44). Es gibt auch Fälle, in denen man die beiden Öffnungen dicht untereinander an ein und derselben Seite des Raumes anbringen kann. Man muß dann die Luft mit großer Geschwindigkeit so einführen, daß sie sich schnell an der Decke entlang über den Raum verteilt und dann in

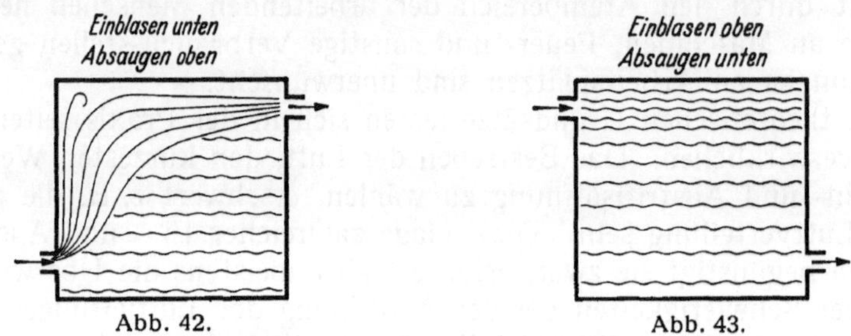

Abb. 42. Abb. 43.

der unteren Raumhälfte langsam zurückströmt (vgl. Abb. 45). Diese Lüftungsweise sollte man jedoch nur in übersichtlichen Räumen anwenden, in denen die Luft, vor allem im oberen Raumteil, keine größeren Widerstände durch Einbauten irgendwelcher Art findet. Gute Wirkungen erzielt man meistens auch dann, wenn man Frischluft an einer oder beiden Raumseiten etwa in Kopfhöhe einbläst und durch das Dach abführt.

Die ganze Frage der Raumlüftung muß unter dem großen Gesichtspunkt der Vermeidung von Zugluftbelästigungen betrachtet werden. Wo diese auftreten, verlieren die besten Lüftungseinrichtungen häufig ihren

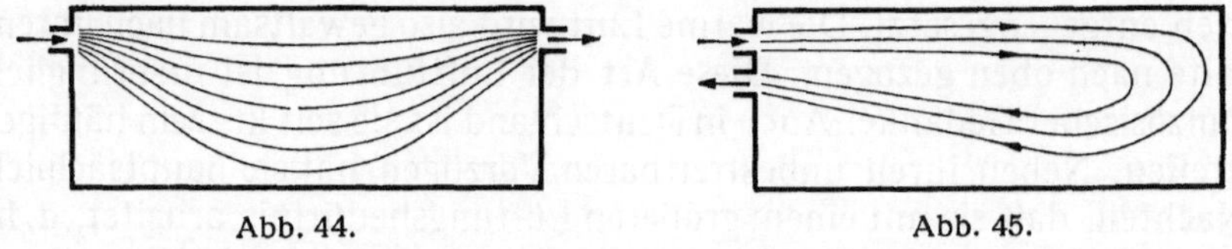
Abb. 44. Abb. 45.

Wert. Es gibt heute in den meisten Fällen Mittel und Wege, Zugluft zu vermeiden. In der Praxis aber macht man vielfach keinen Gebrauch davon, weil sie mit mehr oder minder hohen zusätzlichen Kosten verbunden sind, die der Auftraggeber nicht bezahlen will oder die Herstellerfirma nicht fordern mag, weil sie — leider meist mit Recht — fürchtet, den Auftrag zu verlieren. Als Endergebnis der falschen Sparsamkeit entsteht dann häufig eine in ihren technischen Leistungen den gestellten Anforderungen zwar genügende, praktisch aber wenig oder ungern benutzte Anlage. Damit ist der Sache natürlich schlecht gedient.

Wird Luft eingeblasen, die wärmer ist als die Raumluft, so kann man ohne Bedenken eine verhältnismäßig hohe Luftgeschwindigkeit anwenden, bei kälterer dagegen, z. B. im Winter, muß man mit der Luftgeschwindigkeit beim Eintritt in den Raum sehr vorsichtig sein. Eine Temperaturdifferenz von mehr als 5° sollte man möglichst vermeiden. Luftgeschwindigkeiten über 0,3 m/sec sind, wie bereits früher erwähnt, bei mehr als 3° Temperaturunterschied in der Regel nicht mehr als erträglich anzusehen. Daraus ergibt sich einmal, daß man kalte Luft zweckmäßigerweise nicht im unteren Teil des Raumes einführt, wenn sich Personen in der Nähe der Einströmöffnungen aufhalten müssen, ferner erkennt man, daß zur Einführung kühler Luft in der Regel größere Kanalquerschnitte nötig sind als bei der Einführung warmer Luft, bei der man unbedenklich höhere Geschwindigkeiten zulassen kann. Häufig aber müssen die Lüftungsanlagen so beschaffen sein, daß sie im Sommer kühle und im Winter warme Luft in ausreichender Menge in den Raum leiten können. Danach müßte man zur Vermeidung von Zugluftbelästigungen das Kanalnetz mit ziemlich großem Durchmesser anlegen. Man ist aber mit Rücksicht auf bauliche Schwierigkeiten und hohe Anlagekosten heute mehr und mehr bestrebt, trotz des Nachteils größerer Reibungsverluste kleine Leitungsquerschnitte mit hohen Luftgeschwindigkeiten zu verwenden und durch entsprechende technische Maßnahmen beim Eintritt der Luft in den Raum die Geschwindigkeit stark herabzusetzen. Das kann einmal dadurch geschehen, daß man die Öffnungen in den Zuluftleitungen vermehrt oder so legt, daß der Luftstrom keine Person unmittelbar trifft und bereits mit der Raumluft durchmischt ist, wenn er in den Bereich der Atmungsorgane kommt (z. B. Einführung nahe der Decke des Raumes). Es kann ferner dadurch geschehen, daß man Prallflächen unmittelbar hinter die Austrittsöffnungen setzt, wodurch der darauf treffende Luftstrom nach den Seiten abgelenkt wird. Bevor er in den Atembereich kommt, hat er sich dann meistens schon mit der Raumluft gut vermischt. Abb. 46—48 zeigen Luftverteiler verschiedener Art. Der Plattenluftverteiler beruht auf dem Stoßprinzip. Der Luftstrom wird in eine Reihe von Teilströmen zerlegt und um volle 90° aus seiner ursprünglichen Stromrichtung abgelenkt, so daß in der Hauptrichtung keine Bewegung stattfindet. Es ist daher ein ständiger Aufenthalt unterhalb des Plattenverteilers möglich.

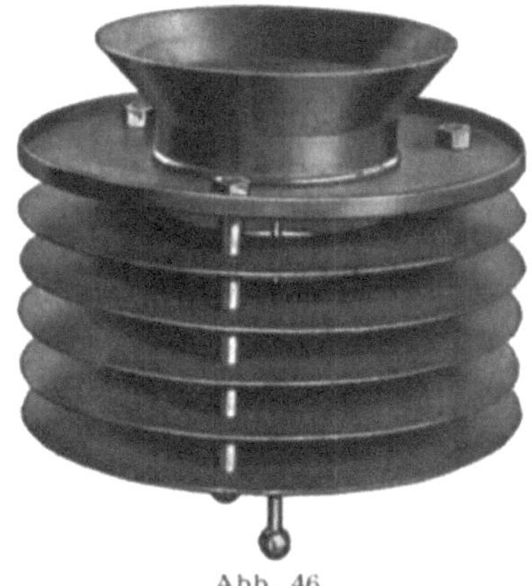

Abb. 46.

Abb. 47.
Luftverteiler der Bewetterungsgesellschaft, Berlin.

Der Leitflächenverteiler erzeugt durch Ablenkung und Ausnutzung der Fliehkraft einen Streukegel, bei welchem in der Nähe der Achse die geringste Luftgeschwindigkeit auftritt. Dieser Verteiler eignet sich zum Einbau in Rabitzdecken und kann auf Wunsch durch Anbau von Luftgittern für das Auge vollkommen verdeckt oder auch mit Beleuchtungskörpern zu einer gefälligen Gesamtwirkung vereinigt werden.

Ein weiteres Mittel zur Herabsetzung der Austrittsgeschwindigkeit der Zuluft besteht darin, daß man sie durch sog. Diffusoren in den Raum schickt. Das sind allmähliche Rohrerweiterungen, die zweckmäßig am Ende mit einem als Gleichrichter dienenden, zylinderförmigen Rohrstück

Abb. 48. Luftverteiler der Firma Benno Schilde A. G., Hersfeld.

versehen sind. Zur Vermeidung von Zugluft bedient man sich mit Erfolg auch sog. Anemostaten[1]. Man versteht darunter Luftverteiler mit mehreren konzentrisch angeordneten Holz- oder Blechtrichtern, deren größere Öffnungen nach außen zeigen (Abb. 49—51). Der Luftstrom wird durch die ineinandergesetzten Trichter in mehrere Einzelströme mit ringförmigem Querschnitt zerlegt. Da sich der Raum zwischen zwei benachbarten Trichterflächen infolge der Wandwinkelstellung erweitert, so wirkt der konische Zwischenraum als Diffusor, d. h. die Geschwindigkeit setzt sich hier in Druck um. Die Form der Anemostaten entspricht heute vielfach nicht mehr dem ursprünglichen Trichtergebilde. Man führt sie in Anpassung an die Räumlichkeit bald mit größerer, bald mit kleinerer Winkelstellung aus. Tritt bei nicht richtig bemessener Winkelstellung und Öffnungsfläche der Trichter aus den Mittelöffnungen ein zu starker Luft-

[1] Sie sind ein durch DRP. geschütztes Erzeugnis der Firma Wassmuth-Kurth & Co., Köln-Dellbrück.

strom aus, der Belästigungen hervorruft, so kann man in solchen Fällen durch Anbringen einer Prallfläche (gelocht oder ungelocht) unter der Mittelöffnung meistens Abhilfe schaffen.

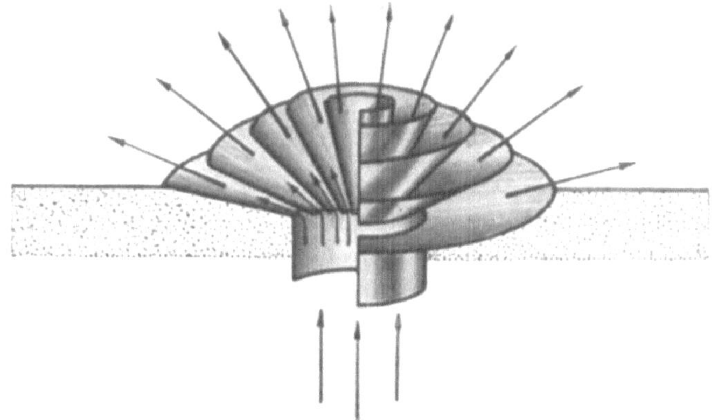

Abb. 49. Luftverteiler „Anemostat" (D. R. P.).

Abb. 50.

Die Anemostaten sind verhältnismäßig billig in der Anschaffung. Mit ihrer Hilfe kann man die Luftgeschwindigkeit im Zuluftstutzen bis zu 10 m und mehr in der Sekunde heraufsetzen, ohne daß im Raum Zugbelästigungen auftreten.

In manchen Arbeitsräumen wollen trotz Anwendung der besten technischen Einrichtungen die Klagen über Zugbelästigungen nicht verstummen. Manchmal liegt die Ursache im falschen Einbau der Einrichtungen, mitunter treten auch gewisse Störungsfaktoren auf, die vorher schwer berücksichtigt werden können, weil sie nicht ohne weiteres erkennbar sind; in solchen Fällen kann man nur durch praktische Versuche allmähliche Besserung schaffen. Häufig tritt die Zugbelästigung aber auch ein als Folge falscher oder unsachgemäßer Anwendung der technischen Einrichtungen oder durch Nachlässigkeit der für die Überwachung und Bedienung verantwortlichen Personen. Wenn z. B. nach Einschalten der maschinellen Lüftung Fenster geöffnet werden, wenn statt mehrerer vor-

Abb. 51. Belüftung eines Büros durch Anemostaten.

handener Luftklappen nur eine geöffnet wird, die nunmehr den ganzen Überdruck des Raumes auszugleichen hat, oder wenn bei niedriger Außentemperatur statt vorgewärmter Luft kalte eingelassen wird, so darf man über mangelhafte Wirkung oder Belästigungen nicht weiter erstaunt sein. Darum ist es zweckmäßig, in jedem größeren Arbeitsraume eine mit den Besonderheiten der Lüftung gut vertraute Person für die richtige Anwendung der vorhandenen Einrichtungen verantwortlich zu machen.

γ) Die Aufbereitung der Luft. Während bei der natürlichen Lüftung gewöhnlich keine weitere Vorbehandlung der Frischluft stattfinden kann, da der geringe Druckunterschied zwischen Außen- und Raumluft keine größeren Widerstände verträgt, läßt sich bei der kraftbetriebenen Lüftung meistens eine ausgedehnte Vorbehandlung (Aufbereitung) der Frischluft einrichten. Die entstehenden größeren Widerstände lassen sich ohne Schwierigkeiten durch entsprechend stärkere Ventilatorpressung überwinden. — Aus wirtschaftlichen Gründen verzichtet man allerdings bei einfachen Anlagen vielfach auf die Vorbehandlung der Luft. — Zur

Aufbereitung rechnet man gewöhnlich das Reinigen, Anwärmen bzw. Kühlen und Be- und Entfeuchten der Luft. Bisweilen setzt man der Frischluft noch keimtötende Mittel zu.

Zur Luftreinigung bediente man sich vor dem Kriege überwiegend der Stoffilter. Infolge Materialknappheit ging man während des Krieges davon ab; später ist man nicht mehr zu ihnen zurückgekehrt, da sich andere Filter als besser erwiesen hatten. Heute sind ölbenetzte Metallfilter und Wasserberieselungsfilter in Lüftungsanlagen vorherrschend. Die erstgenannten lassen sich unterteilen in Schicht- und Streichfilter.

Unter Schichtfilter versteht man Behälter mit Füllmasse (am besten Raschig-Ringe), durch welche sich die Luft in zahlreichen Windungen hindurchzwängen muß. Die Metallringe sind mit einer Haut nicht trocknenden und nicht verharzenden Öles überzogen, welches beim Vorbeiströmen der Luft die in ihr enthaltenen Staubteilchen bindet. Wenn es für notwendig gehalten wird, kann man dem Öl noch bakterientötende Zusätze geben. Die Schichtfilter gestatten auf kleinem Raum eine große Oberfläche unterzubringen, an welcher die Luft vorbeiströmen muß.

Bei Streichfiltern läßt man die Luft in geschlossenem Stromband zwischen parallellaufenden und ölbenetzten Leitblechen hindurchstreichen. Die Bleche sind meistens in Zickzackform gebogen, so daß sich die Luft immer wieder an den Wandungen stoßen muß. Man kann auch hintereinander gestellte und gegeneinander versetzte, profilierte Metallplatten verwenden.

Die wichtigsten Erfordernisse, welche an ölbenetzte Metallfilter gestellt werden, sind folgende: Die Luft muß möglichst gut verteilt und häufig umgelenkt werden, sodaß sich die Unreinlichkeiten an den Widerständen absetzen. Ferner muß das Filter eine gute Speicherfähigkeit besitzen, d. h. es müssen hinreichend tote Räume vorhanden sein, in denen sich der Staub, unbeeinflußt von der Strömung, ablagern kann. Weiterhin darf der Strömungswiderstand des Filters nicht zu groß sein und bis zum Optimum der Staubaufnahme nicht merklich wachsen. Schließlich soll der Entstaubungsgrad[1] möglichst hoch sein. Ein Filter gilt als gut, wenn der Entstaubungsgrad über 96 liegt. Es muß den Fachtechnikern überlassen bleiben, für den Einzelfall das richtige Filter auszuwählen. Nach Versuchen des Materialprüfungsamtes in Berlin-Dahlem hat sich von den ölbenetzten Metallfiltern (Streich- und Schichtfilter) das Schichtfilter als dasjenige erwiesen, welches hinsichtlich der Erfüllung der genannten 4 Forderungen die besten Ergebnisse liefert.

In der Art der Ausführung weichen die von den Spezialfirmen hergestellten Ölfilter mehr oder minder voneinander ab. Auf Einzelheiten sei hier verzichtet.

Die Wasserberieselungsfilter sind heute in der Regel so eingerichtet, daß man die Luft durch einen fein verteilten Wasserschleier hindurchtreibt, der durch Streudüsen oder Brausen erzeugt wird. Man kann

[1] $= \dfrac{(\text{Rohstaub} - \text{Reststaub})}{\text{Rohstaub}} \cdot 100\,.$

natürlich auch wasserberieselte Schichtfilter verwenden. Mit Rücksicht auf eine gleichmäßige Belastung der Filterfläche ist ihre Anbringung auf der Saugseite zu empfehlen.

Nur geringe Strömungswiderstände bei der Entstaubung der Luft bieten sog. Staubkammern, d. s. plötzliche Erweiterungen des Luftkanals. In ihnen nimmt die Strömungsgeschwindigkeit der Luft stark ab. Die frei schwebenden Staubteilchen sinken dann auf den Boden der Kammer. Es besteht jedoch die Gefahr, daß bei nicht sachgemäßer Herstellung der Kammer oder bei nachlässiger Wartung der abgesetzte Staub von dem nachfolgenden Luftstrom wieder mitgerissen wird und statt einer Luftverbesserung eine Luftverschlechterung eintritt. Verwendet man solche Kammern, so muß man sie leicht begehbar einrichten und mit einem möglichst glatten Belag oder Anstrich versehen, damit sie ohne Schwierigkeiten zu reinigen sind. Den vorher genannten Filtern stehen sie in der Wirksamkeit meistens nach. Die für Entstaubungen sonst vielfach mit gutem Erfolge verwendeten Elektrofilter scheiden für die gewöhnliche Luftreinigung wegen ihrer hohen Anschaffungskosten aus.

Zur Aufbereitung der Luft gehört weiterhin das Be- und Entfeuchten. Wie schon an anderer Stelle dargelegt, entsteht durch die Anwesenheit zahlreicher Menschen in einem Raume nicht nur Wärme, sondern auch eine Anreicherung der Luft mit Feuchtigkeit. Um zu verhüten, daß ein bestimmter Feuchtigkeitsgrad überschritten wird, muß man die Raumluft entfeuchten. Das geschieht am einfachsten durch Einblasen „trockener" Zuluft, welche einen Teil der vorhandenen Feuchtigkeit in sich aufnimmt. Im Winter steht in der freien Außenluft gewöhnlich hinreichend Trockenluft zur Verfügung, da der absolute Feuchtigkeitsgehalt der Kaltluft niedrig ist gegenüber demjenigen der erwärmten Raumluft. Gewisse Schwierigkeiten bereitet nur die belästigungsfreie Einführung der Frischluft und die richtige Vermischung mit der Raumluft. Anders verhält es sich dagegen in der warmen Jahreszeit. Dann ist meistens keine trockene Frischluft in ausreichendem Maße frei verfügbar; der Feuchtigkeitsgehalt der Raumluft ist bei gleicher Menschenzahl meist noch höher als im Winter. Man muß dann zur künstlichen Entfeuchtung der Frischluft schreiten, d. h. man muß ihr vor Einführung in den Raum einen Teil des Wassergehaltes entziehen. Zu dem Zwecke kühlt man sie bis auf den Taupunkt herunter. Dann schlägt sich ein Teil des Wassergehaltes nieder und kann abgeführt werden. Die hinreichend entfeuchtete Luft wird vielfach erst wieder angewärmt, bevor sie in den Raum eingeblasen wird. Der relative Feuchtigkeitsgehalt ist dann bei der gleichen Temperatur niedriger als vorher. Der Entfeuchtungsgrad findet meistens seine Grenze in der Temperatur der Kühlflüssigkeit. Kühlwasser von weniger als $+12°$C steht in unseren Gegenden im Sommer kaum zur Verfügung. Bei sehr sorgfältig bemessener Kühlanlage läßt sich damit im günstigsten Falle eine Abkühlung der Luft bis auf $+15°$C erreichen. Die Luft behält also nach wie vor mindestens soviel Feuchtigkeit, wie dem Sättigungsgrad bei $+15°$C entspricht.

Das Kühlen der Luft geschieht gewöhnlich mittels Wasserzerstäubung oder durch Berieselungsflächen und berieselte Füllkörper. Die zweite Methode hat sich am wirksamsten erwiesen (Abb. 52).

Ist eine tiefere Kühlung erforderlich als mittels des vorhandenen Brunnen- oder Leitungswassers erreichbar ist, so muß man künstlich erzeugte Kälte verwenden. Kühl- und Entfeuchtungsanlagen werden daher bisweilen in 2 Stufen ausgebildet, in der ersten mit Wasser-, in der zweiten mit Solekühlung. Die 2. Stufe kann nach Bedarf ein- oder ausgeschaltet werden.

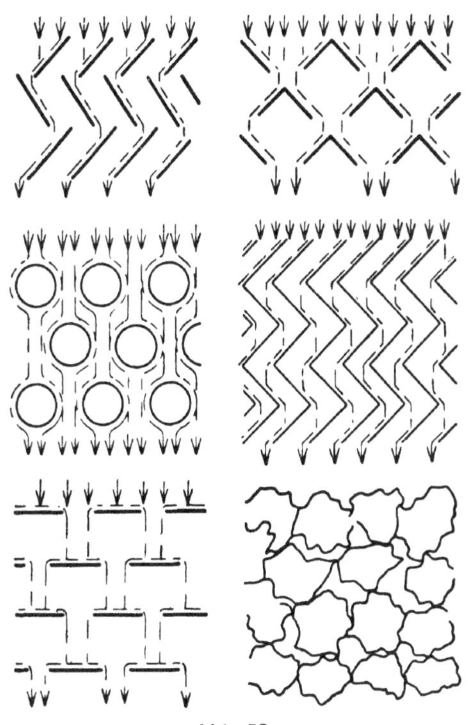

Abb. 52.
Verschiedene Arten der Wasserberieselung.

An Stelle eines Feuchtigkeitsüberschusses enthält die Raumluft mitunter auch zu wenig Feuchtigkeit. Das kann z. B. im Winter eintreten bei Arbeitsräumen, welche eine verhältnismäßig hohe Raumtemperatur halten müssen und nur mäßig mit Personen besetzt sind. Da die eingeführte kalte Frischluft nur einen geringen absoluten Feuchtigkeitsgehalt aufweist, sinkt bei der Erwärmung auf Raumtemperatur der relative Feuchtigkeitsgehalt bisweilen unter ein erträgliches Maß herab. Dann wird eine zusätzliche Luftbefeuchtung zur Herstellung eines angenehmen Raumklimas notwendig; das um so mehr, wenn mit hygroskopischen Materialien gearbeitet wird (Textilien, Papier u. a.). Man kann nun entweder nachträglich Feuchtigkeit in den Raum bringen oder der Frischluft vor ihrer Einführung in den Raum den erforderlichen Feuchtigkeitsgehalt geben. Die einfachste Art einer nachträglichen Befeuchtung der Raumluft besteht darin, daß man flache Behälter aufstellt, in denen Wasser zum Verdunsten gebracht wird evtl. unter Ausnutzung vorhandener Heizkörper. Das reicht aber vielfach nicht aus; auch verschmutzen die Gefäße leicht und ihre Wartung wird oft vernachlässigt. Sie sind daher nur in engen Grenzen anwendbar. Auch die gelegentlich anzutreffende Luftbefeuchtung durch benetzte Tücher und berieselte Flächen befriedigt nicht. Eine brauchbare Einrichtung zur Luftbefeuchtung stellen Apparate nach Art der Abb. 53 dar. Diese, von der Gesellschaft „Luftbefeuchtung für Zentralheizungen" in Ludwigshafen am Rhein hergestellte Einrichtung besteht im wesentlichen aus einem langgestreckten Wasserbehälter, in den halbkreisförmig gebogene, gelochte Saugpappe in einer oder mehreren Lagen eintaucht. Der Apparat zeichnet sich vor allem durch eine große Verdunstungsfläche und verhältnismäßig hohe Verdunstungsleistung aus. Gleichzeitig wird die vorbeistreichende Luft dadurch, daß die in ihr enthaltenen Staubteilchen von der feuchten Pappe festgehalten werden, bis zu einem gewissen Grade gereinigt. Die Saugbögen müssen freilich oft erneuert werden, um die Wirkung nicht zu beeinträchtigen.

Abb. 53. Luftbefeuchter.

Diese Befeuchtungseinrichtung hat nun den Nachteil, daß sie an eine Zentralheizung gebunden ist. Wo diese nicht vorhanden ist oder aus anderen Gründen nicht benutzt werden kann, besteht die Möglichkeit, einen Verdunstungsapparat nach Abb. 54 (ebenfalls von der Gesellschaft Luftbefeuchtung für Zentralheizungen) aufzustellen. Als Verdunstungsoberfläche dienen auch hier mehrere Lagen gelochter Saugpappe. Die Luftbewegung, welche beim einfachen Verdunstungsapparat durch die nach oben gerichtete Strömung der warmen Luft eingeleitet wird, erzeugt ein Ventilator. Man erreicht mit dem Apparat Verdunstungsleistungen von 1,2 l in der Stunde oder 26 l am Tage. Der Vorteil des Apparates liegt in der großen Verdunstungsleistung, seiner Beweglichkeit und Unabhängigkeit von jeder Installation[1]. Seine Schwäche liegt in der Notwendigkeit einer häufigen Ergänzung der Saugpappe, in deren Poren sich der Staub der Luft festsetzt, und in dem nicht für jedermann erschwinglichen Preise. Immerhin kann der Apparat bei sachgemäßer Wartung und sorgfältiger Pflege gute Dienste leisten. Auf Wunsch kann er auch für Frischluftzuführung eingerichtet werden. Seine Leistungs-

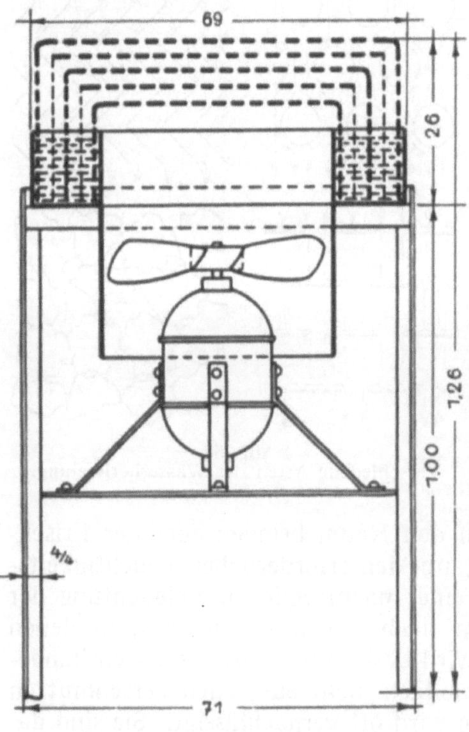

Abb. 54. „Lucagna"-Luftbefeuchter.

[1] Der ganze Apparat kostet zur Zeit 250 RM.

fähigkeit sinkt jedoch bei Einführung kalter Außenluft, weil diese wegen ihrer niedrigen Temperatur weniger aufnahmefähig für Feuchtigkeit ist. Um im Winter bei Frischluftzufuhr eine gute Wirkung zu erzielen, wäre daher der Einbau einer Wärmevorrichtung zweckmäßig. Es fragt sich jedoch, ob sich die Anschaffung eines solchen Apparates dann wirtschaftlich noch lohnt[1]. Stellt man örtliche Luftbefeuchter auf, so ist eine genaue, möglichst laufende Kontrolle der Luftfeuchtigkeit mittels entsprechender Meßapparate dringend zu empfehlen.

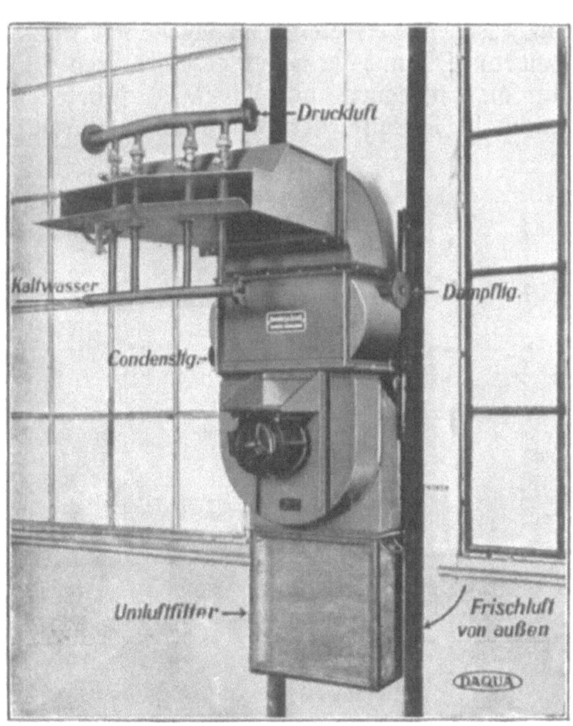

Abb. 55. Druckluft-Wasserzerstäubung.

Zur Befeuchtung größerer Arbeitsräume verwendet man vielfach Zerstäubungsapparate für Wasser. Als treibende Kraft kann man entweder Druckwasser von 3—12 at oder Druckluft verwenden. Im ersten Falle benutzt man gewöhnlich Düsen, aus denen das Wasser gegen feste Platten gespritzt und dadurch fein verteilt wird. — Brausen allein geben keinen genügend feinen Strahl oder sie verstopfen leicht, wenn man die Öffnungen zu klein wählt. — Die Druckwasserzerstäubung arbeitet in der Regel mit Wasserüberschuß. Man muß daher für hinreichend große Auffangbleche und einwandfreie Wasserabführung sorgen. Infolge der hiermit verbundenen Schwierigkeiten wählt man häufig Druckluftzerstäubung (feiner Sprühregen). Abb. 55—57 zeigen z. B. Zerstäubungsapparate der Firma Danneberg & Quandt, Berlin. Die eingeführte Druckluft dient gleichzeitig mit zur Belüftung des Raumes und muß daher möglichst rein sein. Die Anbringung von Auffangblechen für Wassertropfen unter den Streudüsen ist unter Umständen auch hier zu empfehlen. Die Düsenköpfe ordnet man entweder als Einzelzerstäuber an oder in Gruppen zu zweien und zu vieren, etwa in $^2/_3$ bis $^3/_4$ der Raumhöhe. Zwecks Regulierung der Wasserzufuhr muß man die Luftfeuchtigkeit im Raum durch zuverlässige Meßinstrumente (Hygrometer, Phsychrometer) ständig überwachen.

[1] Man hüte sich vor einer Überschätzung der Wirkung örtlicher Luftbefeuchter.

Bisweilen vereint man auch die Wasserzerstäubung mit den Austrittsstellen der Luftverteilungsleitungen. Dadurch erleichtert man die Montage, verbessert die Übersicht und verbilligt die Gesamtanlage.

Die zum Befeuchten der Luft vor Eintritt in den Arbeitsraum dienenden Einrichtungen bezeichnet man gewöhnlich mit dem Sammelnamen „Luftwäscher", weil sie die Luft nicht nur anfeuchten, sondern gleichzeitig auch waschen. Zum Befeuchten dienen vorzugsweise Zerstäuberdüsen mit Druckwasser. Es sind aber auch andere Arten von Luftwäschern vertreten, z. B. solche mit Füllkörpern (Koks und Raschig-Ringen). Die mit der locker geschichteten Füllmasse versehenen Behälter läßt man beregnen und schickt die zu befeuchtende Luft im Gegenstrom hindurch. Diese reichert sich dann auf ihrem Wege mit Feuchtigkeit an.

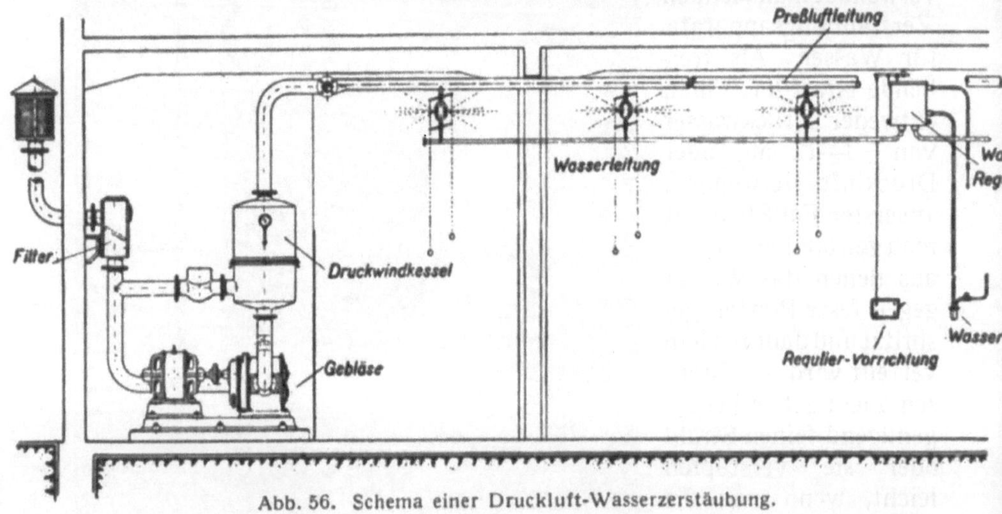

Abb. 56. Schema einer Druckluft-Wasserzerstäubung.

Zur Aufbereitung der Luft rechnet weiterhin das Kühlen (im Sommer) und Anwärmen (im Winter). Beides wird häufig mit dem Ent- und Befeuchten vereinigt. Zum Kühlen bedient man sich, wie früher bereits erwähnt, des Brunnenwassers oder besonderer Kühlmaschinen.

Das Anwärmen der Luft kann auf mannigfache Weise geschehen. Billig und einfach ist das Verfahren, warme Luft aus Räumen zu entnehmen, in denen durch die Betriebsvorgänge überschüssige Wärme entsteht, z. B. Kesselhäuser, Maschinenhallen, Trockenkammern u. ä. Diese Luft muß jedoch noch „frisch" sein, d. h. sie darf keine unangenehmen oder gar schädlichen Beimengungen enthalten. Bestehen derartige günstige Gelegenheiten zur Beschaffung vorgewärmter Luft nicht, so kann man Frischluft unter Ausnutzung vorhandener Abwärmequellen oder, soweit diese fehlen, mittels besonderer Heizanlage auf die gewünschte Temperatur bringen. Vereinigt man Lüftung und Heizung miteinander, so ist der günstigste Wirkungsgrad dann erreicht, wenn die zur Heizung erforderliche Luftmenge derjenigen entspricht, welche zur Lüftung des

Raumes notwendig ist. Andernfalls muß entweder zusätzlich Luft eingeleitet oder es müssen noch Heizkörper im Raum aufgestellt werden. Die Luftvorwärmung kann man mittels zentraler Anlagen und dazugehörigem Rohr- und Kanalnetz, aber auch mittels Einzellufterhitzer durchführen. Letztere sind besonders dann am Platze, wenn die räumlichen Verhältnisse die Anlage umfangreicher Rohrleitungen nicht zulassen (z. B. bei nachträglichem Einbau der Luftheizung) oder bei sehr verschiedenartigem Luft- und Wärmebedarf der einzelnen Räume. Die Lufterhitzer werden vielfach derart eingerichtet, daß sie sowohl für Frischluft wie für Umluft verwendbar sind. Soweit sie nur für Umluft verwendbar sind, bleiben sie für den Luftwechsel außer Betracht. Die Abb. 58 bis 62 zeigen Ausführungsbeispiele für Lufterhitzer. Die erforderliche Saugkraft erzeugt ein elektrisch betriebener Lüfter. Als Heizmittel können Dampf, Warmwasser, elektrischer Strom, Gas benutzt werden. Die Vorteile dieser Luftheizapparate liegen hauptsächlich in ihrer guten Anpassungsfähigkeit an Bedarfsschwankungen, ferner darin, daß sie andere Heizeinrichtungen bis zu einem gewissen Grade entbehrlich machen.

Abb. 57. Zerstäuberdüsen.

δ) Großlüftungs- und Klimaanlagen. Die Aufbereitung der Luft nimmt man heute meistens zusammengefaßt in geschlossenen Anlagen vor, die man je nach Art und Zweck Großlüftungsanlagen oder Klimaanlagen nennt. Unter den erstgenannten versteht man gewöhnlich Anlagen, welche eine Aufbereitung der Luft nur nach einzelnen Richtungen bezwecken, z. B. Waschen, Heizen, Kühlen oder auch einige Behandlungsarten zusammengenommen. Da die Großlüftungsanlagen in den Einzelheiten der Luftbehandlung nichts Neues bieten und meistens nur eine Art unvollkommener Klimaanlagen darstellen, kann darauf verzichtet werden, auf ihren Bau näher einzugehen. Klimaanlagen stellen

Abb. 58. Lufterhitzer der Firma Benno Schilde, Hersfeld.

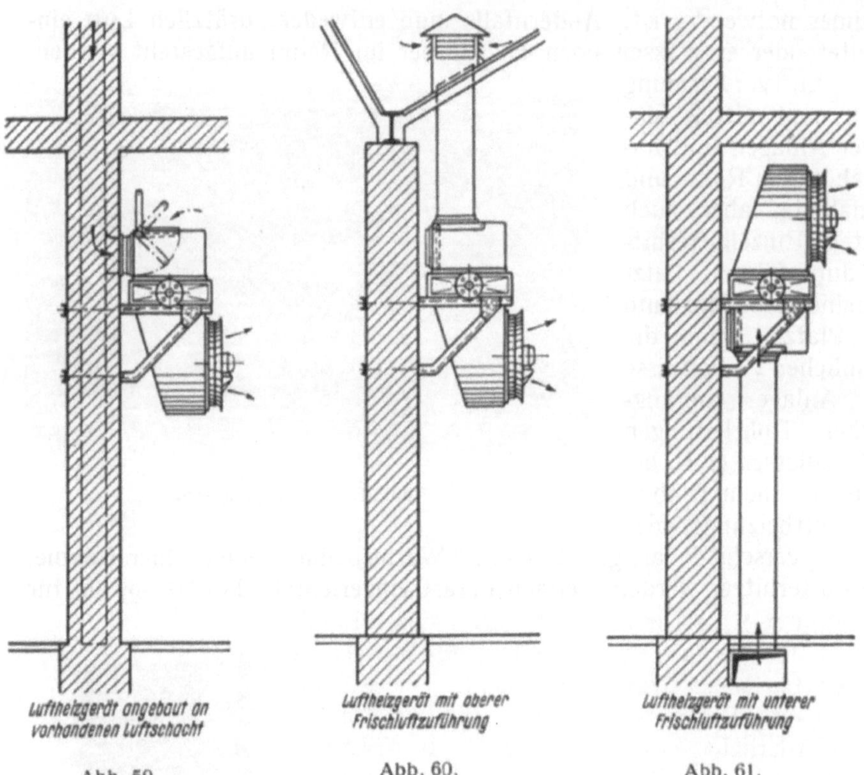

Abb. 59. Abb. 60. Abb. 61.

Abb. 62. Eingebauter Lufterhitzer (System „DAQUA").

das Vollkommenste auf dem Gebiete der Luftbehandlung dar. In ihnen wird die Luft nach allen Richtungen hin vorbehandelt und unabhängig von der Beschaffenheit der Außenluft auf einen genau bestimmten klimatischen Zustand gebracht und dauernd erhalten. Der Einbau besonderer Heizkörper zur Raumheizung wird dann vielfach entbehrlich.

Das Wesen des Raumklimas wird durch die 4 Faktoren: Luftbeschaffenheit, Lufttemperatur, Luftfeuchtigkeit und Luftbewegung gekennzeichnet. Diese Faktoren stehen zum Teil untereinander in Wechselwirkung. Ausschlaggebend sind aber die Auswirkungen bzw. die Einflüsse der klimatischen Faktoren, und zwar einmal auf den Menschen und ferner auf die Maschinen und das Arbeitsgut. Der Wert des zu schaffenden künstlichen Klimas liegt nun darin, daß Winter und Sommer mit ganz geringen Schwankungen der für die Gesundheit der Arbeiter oder für das Gelingen der Gütererzeugung erforderliche optimale Luftzustand gewährleistet wird.

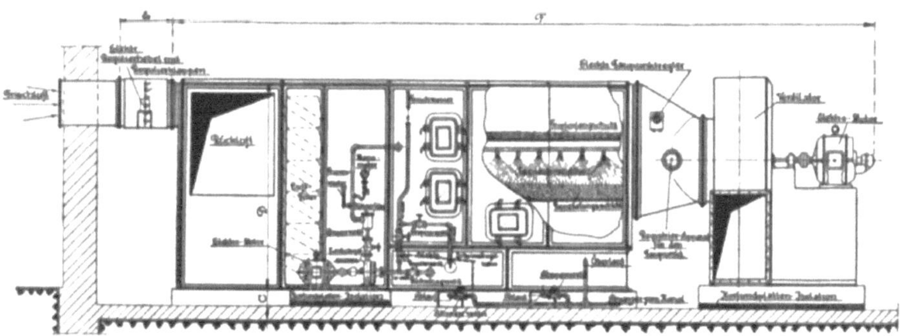

Abb. 63. Inneres einer Klimaanlage.

Der Gang der Luftbehandlung ist bei den verschiedenen Konstruktionen anerkannter Herstellerfirmen in den Grundzügen der gleiche; in den Einzelheiten der Ausführung bestehen natürlich Unterschiede. Die Luft wird zunächst gefiltert und gewaschen und auf die zu dem gewünschten Luftzustand gehörige Taupunkttemperatur gebracht, dann erwärmt und je nach Bedarf später nachträglich befeuchtet. Bau und Arbeitsweise von Klimaanlagen sei an dem Beispiel einer Anlage der Firma Carl Wiessner, Kom.-Ges., Görlitz, näher erläutert (vgl. Abb. 63).

Durch einen Speziallüfter mit elektrischem Antrieb wird Frischluft angesaugt, die mittels grobem Filter bereits von größeren Unreinlichkeiten befreit ist. Nach Eintritt in den Klimaapparat wird die Luft gewaschen, be- und entfeuchtet, erwärmt oder gekühlt. Die vorbehandelte Luft ist voll gesättigt bei einer Temperatur, welche dem Taupunktzustand der Luft entspricht. Wenn z. B. im Raum eine Temperatur von $+20°$ und 72% Feuchtigkeit verlangt wird, so muß das angesaugte Luftgemisch so behandelt werden, daß es bei voller Sättigung eine Temperatur von $+14{,}5°$ erreicht (vgl. Mollier-Diagramm). Um diesen Luftzustand herzustellen, ist die Zuführung von fein zerstäubtem, erwärmtem oder gekühltem Wasser erforderlich. Das Druckwasser liefert eine Zentrifugalpumpe, die neben dem Klimaapparat aufgestellt ist. Das Zerstäuben des Wassers und Zuführen der Wärme (Dampf) geschieht durch kombinierte Zerstäubungsdüsen, welche gleichzeitig mit Wasser und Dampf gespeist werden können. Es kann aber auch jedes andere Wärmemittel, wie Heißwasser, elektrische Lufterhitzer, Gasheizung u. a. Verwendung finden. Ist eine Abkühlung der Luft erforderlich, so wird den Zerstäubungsdüsen kaltes Frischwasser oder künstlich gekühltes Wasser zugeführt. Man kühlt das Wasser künstlich in einem Gegenstromapparat, der mit Sole von einer Kältemaschine gespeist wird. Da der Raumluft vielfach durch das Arbeitsprodukt und den natürlichen Luftwechsel Feuchtigkeit entzogen wird, ist die Möglichkeit gegeben, im 2. Teil des Apparates der Luft durch eine Nachbefeuchtungseinrichtung Wassernebel zuzusetzen und sie dadurch mit Feuchtigkeit zu sättigen. Um die erforderliche Raumtemperatur von 20° zu erreichen, muß die Luft in einem Erhitzer, den sie beim Austritt aus dem Klimaapparat durchläuft, nachgewärmt werden. An den Lufterhitzer schließt sich in der Regel die Luftverteilungsleitung an.

Um Wärmeverluste zu vermeiden, ersetzt man im Winter vielfach einen Teil der notwendigen Frischluft durch Rückluft oder Umluft, d. h. aus dem Raum abgesaugte Luft. Die Teilströme der Rückluft und Frischluft werden vor der Regelung von Temperatur und Feuchtigkeit vereinigt. Die Frischluft enthält im Winter meistens zu wenig, die Umluft oft zuviel Feuchtigkeit. Durch Vermengung beider wird vielfach bereits der richtige oder annähernd richtige Feuchtigkeitsgehalt getroffen, so daß ein Entfeuchten, das praktisch Kühlen unter Taupunkt und damit Wärmeverlust bedeuten würde, kaum nötig wird. Ausschließlich mit Umluft zu arbeiten, ist nicht zu empfehlen, da sich sonst die lästigen Bestandteile der Luft, vor allem die Kohlensäure, mit der Zeit zu stark anreichern würden. Der mindestens erforderliche Frischluftzusatz läßt sich aus der Kohlensäureentwicklung im Arbeitsraum überschläglich berechnen.

Mit Umluft arbeitende Lüftungsanlagen nennt man, da der Kreislauf ständig erfolgen muß, auch Dauerbelüftungsanlagen. Sie sind, soweit die Mittel zu ihrer Anschaffung und zum Betrieb vorhanden sind, in Normalarbeitsräumen überall anwendbar. Während die einfachen Lüftungsanlagen von Hand eingestellt werden müssen, geschieht die Regelung der Klimaanlagen heute selbsttätig. Erst dadurch, daß man diese frei von der menschlichen Bedienung gemacht und nur der Überwachung objektiver Instrumente unterworfen hat, ist eine unbedingte Zuverlässigkeit verbürgt. Die zur Regelung notwendigen Fühlorgane bestehen aus den Instrumenten zur Wärme- und Feuchtigkeitsregelung; sie sind in den Luftkanälen oder in den Arbeitsräumen angebracht und zur leichteren Kontrolle meistens mit Selbstschreibern ausgestattet. Bei der geschilderten Klimaanlage der Firma Carl Wiessner z. B. werden die Taupunkttemperatur, der relative Luftfeuchtigkeitsgehalt und die Raumtemperatur durch eine automatische Regelanlage konstant gehalten, und zwar hinsichtlich der Temperatur mit einem Spielraum von $\pm 0{,}5$—1° und hinsichtlich der relativen Luftfeuchtigkeit mit einem Spielraum von $\pm 2\%$. Die Taupunkttemperatur wird durch einen elektropneumatischen Taupunktregler (vgl. Abb. 64) gesteuert, welcher mit einem Maximum- und Minimumkontakt ausgerüstet ist und beim Berühren dieser Kontakte durch den Temperaturanzeiger automatische Regulierventile und automatische Luftmischungsklappen an der Saugseite betätigt. Der Taupunktregler ist so ausgebildet, daß der Maximum- und Minimumkontakt innerhalb von 1° eingestellt werden kann. Zur Einstellung der Raumtemperatur, also zum Nachwärmen der Luft, werden im Raum Temperaturregler angebracht, die das automatische Regulierventil, welches in der Dampfleitung zum Erhitzer eingebaut ist, in Abhängigkeit von der

Abb. 64. Taupunktregler.

Raumtemperatur steuern. Ein im Raum angebrachter Aspirations-Feuchtigkeitsregler betätigt die im 2. Teil des Klimaapparates eingebaute Nachbefeuchtungseinrichtung; ist der gewünschte relative Feuchtigkeitsgehalt erreicht, so wird sie selbsttätig geschlossen.

Als Steuermittel für die automatische Regelanlage dient Wechselstrom von 3—8 Volt und Druckluft von 1 at. Wo Druckluft fehlt, kann man sich mit einer automatisch arbeitenden Kompressoranlage helfen.

Abb. 65 zeigt eine kleinere Ausführung von Klimaapparaten der Firma Wiessner. Sie dient zur Klimatisierung einzelner Arbeitsräume.

Bei den Erzeugnissen anderer bekannter Firmen geschieht die automatische Regelung des Klimas in ähnlicher Weise.

Für die Größenbemessung des Klimaapparates ist in jedem Falle eine genaue Berechnung der Wärme-, Kühl- und Feuchtigkeitsverluste des oder der betreffenden Räume notwendig. Wenn eine sehr weitgehende Entfeuchtung der Luft gefordert wird, kommen Spezialausführungen mit besonders guter Kühleinrichtung in Frage. Man ist heute bestrebt, die

Abmessungen der Klimaanlagen möglichst klein zu halten, um sich den oft schwierigen Raumverhältnissen in den Betrieben besser anpassen zu können.

Bei Verwendung von Klima- oder Dauerlüftungsanlagen kann die in den Arbeitsraum eingeblasene Luft praktisch als nahezu bakterienfrei angesehen werden. Klimaanlagen benötigt man in erster Linie in solchen Arbeitsräumen, in denen das Arbeitsgut eine bestimmte, stets gleichbleibende Temperatur und Feuchtigkeit verlangt (z. B. Textil-, Papier-, Tabakfabriken). Man bedient sich ihrer jedoch heute in zunehmendem Maße auch in anderen Räumen, in denen größere Menschenmengen zusammengeballt werden, z. B. in Büros, Kinos, Theatern, Konzertsälen usw. Wichtig ist, daß nicht nur die Klimaanlagen selbst, sondern auch die Luftkanäle und besonders die Luftaustrittstellen sach- und fachgemäß eingerichtet und bedient werden. Erst dann erreicht man den Nutzen, den man billigerweise von derartigen wertvollen Anlagen erwarten kann.

Abb. 65. Kleinklimaanlage.

ε) Sonstige Maßnahmen zur Luftverbesserung. Außer durch Be- und Entlüften eines Raumes kann man auch auf andere Weise eine Luftverbesserung vornehmen. Solche Maßnahmen sind aber immer nur Notbehelfe. Da sie nicht unmittelbar zum Thema gehören, seien sie auch nur ganz kurz gestreift.

Man kann z. B. die Raumluft mit Ozon behandeln. Ozon ist eine konzentrierte Form des freien Sauerstoffs und entsteht entweder auf elektrischem Wege (Funkenentladung) oder durch chemische Vorgänge. Vielfach im Gebrauch sind die mit elektrischem Strom arbeitenden Ozonisierungsapparate. Sie sind handlich und nicht zu teuer. Anlagen, die auf chemischem Wege Ozon herstellen, sind meist schwerfällig und teuer. Sie sind in der Praxis wenig anzutreffen.

Die Versuche, Luft durch Ozon zu verbessern, haben bisher nicht die erwarteten Erfolge gehabt. Ozon zerstört zwar einige Gerüche, überdeckt aber verschiedene nur, wie z. B. diejenigen von Schwefelwasserstoff, Ammoniak, Buttersäure u. a.[1] (Leichter Zigaretten- und Zigarrengeruch läßt sich beseitigen.)

[1] Vgl. Wolff, Erneuerung und Reinigung der Luft usw. Zbl. Gewerbehyg. **1925**, 153.

Gegen einen geringfügigen Zusatz von Ozon bestehen auch heute gesundheitlich keine Bedenken. 0,1 mg auf 1 cbm Luft z. B. dürften für den Menschen unschädlich sein. Es ist aber zweifelhaft, ob diese Menge für eine wirkliche Geruchsbeseitigung, geschweige denn für eine Entkeimung der Luft ausreicht. Höhere Konzentrationen jedoch, wie sie hierfür oft notwendig wären, bergen die Gefahr einer Schädigung der Atmungsorgane und der Augen in sich.

Als weitere Maßnahmen zur Luftverbesserung betrachtet man häufig die Verwendung von Raumpropellern (Miefquirlen), welche in der Regel über den Köpfen der Insassen an der Decke des Raumes oder sonstwo angebracht sind. Sie erzeugen durch die Propellerdrehung eine gewisse Luftbewegung, die bei hoher Temperatur und starkem Feuchtigkeitsgehalt meistens angenehm empfunden wird, weil die strömende Luft die Wärmeabfuhr des menschlichen Körpers erleichtert. Ein Luftwechsel wird durch sie jedoch nicht erzeugt.

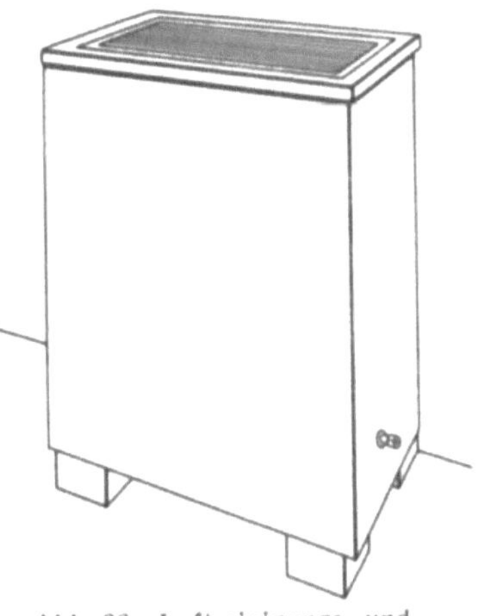

Abb. 66. Luftreinigungs- und Kühlapparat „Klimavis".

Schließlich sei noch auf die unter verschiedenen Phantasienamen in den Handel gebrachten Klein-Klimaapparate[1] hingewiesen, in welchen ebenfalls lediglich eine Aufbesserung der Luft, ohne Frischluftzuführung stattfindet. Der unter dem Namen „Klimavis"[2] in den Verkehr gebrachte Apparat z. B. besteht aus einem Schrank mit Stahlblechmantel, dessen Innenkonstruktion es ermöglicht, das benötigte Kühlwasser nicht nur zu Kühlzwecken, sondern auch als einzige Antriebskraft zu verwenden (Abb. 66). Der Apparat arbeitet im Normalfalle nur mit dem Druck des Leitungswassers, ohne Motor und ohne bewegte Teile. Das aus zwei Düsen mit großer Geschwindigkeit in die beiden Hauptrohre des Apparates sich ergießende Wasser reißt die umgebende Luft mit sich und drückt sie an mehreren, von Kaltwasser durchflossenen Kühlflächen vorbei; oben tritt sie abgekühlt wieder ins Freie. Gleichzeitig wird die Luft durch die unmittelbare Berührung mit dem fein verteilten Wasser gereinigt und mit Feuchtigkeit nahezu gesättigt. Bei einer Temperatur des Leitungswassers von etwa +12° erhält man Luft von etwa +15 bis 17°. Der Apparat eignet sich, da er keine Frischluft zuführt, zur Hauptsache für die Sommermonate, und zwar für solche Räume, in denen zu warme Luft bei sonst ausreichendem Luftwechsel vorhanden ist.

---

[1] Vgl. Liese, Gesdh.ing. **1935**, Nr 33, 509ff.

[2] Hersteller ist die Firma Albert Kurtz, G. m. b. H. Berlin, Urbanstr. 67.

2. Die Be- und Entlüftung einzelner Arbeitsräume.

a) Offene Verkaufsstellen.

Nunmehr soll auf das Wesentliche für die Be- und Entlüftung einzelner Gruppen von Normalarbeitsräumen näher eingegangen werden. Betrachten wir zunächst die offenen Verkaufsstellen. Man hat sich hier bisher meistens mit einem Stande abgefunden, wie er vor 4—5 Jahrzehnten üblich war, obwohl man heute bei anderen Gelegenheiten (z. B. in Theatern, Kinos, Versammlungsräumen u. dgl.) in der Regel erheblich höhere Anforderungen an die Lüftung stellt. Selbst größere Kaufhäuser sind vielfach in ihren technischen Einrichtungen auf dem Gebiete der Lüftung rückständig. Das mag zum großen Teil darauf zurückzuführen sein, daß die zuständigen Behörden, also zur Hauptsache die Ortspolizeibehörden, in den vergangenen Jahren bei Forderungen auf hygienischem Gebiete in kaufmännischen Betrieben sehr zögernd gewesen sind.

Abb. 67. Kellerverkaufsstelle.

Wie in anderen geschlossenen Räumen wird auch in Verkaufsstellen die Luft durch die Lebensvorgänge der sich darin aufhaltenden Menschen chemisch und physikalisch verändert, d. h. verschlechtert. Dazu kommen oft Gerüche von Waren aller Art (z. B. von Chemikalien, Drogen, Lebensmitteln, Abfällen u. dgl.), ferner Beeinträchtigungen durch Staub innerhalb und außerhalb des Ladens sowie durch Motorenabgase von der Straße oder vom Hofe her. Diese Einflüsse lassen, zumal bei regem Geschäftsgang und in verkehrsreicher Stadtgegend, im Laden eine Luft entstehen, die ungünstig auf alle Rauminsassen wirkt, vor allem aber auf die Angestellten, welche sich den ganzen Tag über darin aufhalten müssen. Kopfschmerz, Appetit- und Schlaflosigkeit, allgemeine Nervosität u. ä. sind die bekannten Folgeerscheinungen, besonders wenn eine lange Arbeitszeit, wie sie in offenen Verkaufsstellen vielfach üblich ist, hinzukommt.

Die Abb. 67 und 68 zeigen keine besonders ausgesuchten und vereinzelt dastehenden Fälle, sondern typische Beispiele von Verkaufsstellen, wie man sie in älteren Häusern und eng bebauten Gegenden der Großstädte zu Hunderten antreffen kann.

Eine große Anzahl offener Verkaufsstellen, vor allem die landläufigen Ladengeschäfte, besitzen keine andere Lüftungsmöglichkeit als die Ladentür. Der hintere Ausgang des Ladens kommt für Frischluftzufuhr selten in Betracht, da er meistens in Lager-, Abstell- oder gar Kellerräume führt, deren muffige Luft keineswegs zur Luftverbesserung im Laden beiträgt. Als ein gewisser Fortschritt ist es schon zu betrachten, wenn Kippfenster und Luftklappen oberhalb der Ladentür oder über den Schaufenstern angebracht sind (vgl. Abb. 69). An Stelle senkrechter Kippfenster findet man bisweilen auch horizontal liegende Lüftungsklappen oberhalb eines überdeckten Einganges. Da diese Öffnungen in der Regel in der Ausgleichsebene liegen, sind sie bei Windstille nur dann für einen Luftwechsel von Bedeutung, wenn an einer gegenüberliegenden Wand, möglichst im oberen Drittel der Raumhöhe, Lüftungsöffnungen ins Freie vorhanden sind, sodaß ein gewisser Durchzug entsteht. Wichtig ist dabei, daß auch wirklich Frischluft einströmt. Bei Läden, deren Tür in überdeckte Lichthöfe, Kolonnaden, Passagen u. dgl. münden, ist das oft zweifelhaft. Im Winter muß man freilich bei dieser Art der Lüftung gelegentlich mit Zuglufterscheinungen durch einfallende Kaltluft rechnen.

Abb. 68. Kellerverkaufsstelle.

Abb. 69. Lüftungskippflügel über der Eingangstür.

In einzelnen Fällen trifft man außer den bereits erwähnten Kippfenstern auch noch besondere Lüftungsklappen oberhalb der Schaufenster an, teils als Kippfenster, teils als Öffnungen im Mauerwerk. Die Gesamtwirkung läßt sich im Einzelfalle durch sachgemäße Anordnung und richtige Bemessung der Lüftungsorgane steigern.

In großen, sich oft durch mehrere Stockwerke erstreckenden Verkaufsstellen läßt sich der natürliche Luftaustausch dadurch fördern, daß man in der Mitte einen durchgehenden Lichthof anordnet. Der hierdurch entstehende Auftrieb führt den angrenzenden Räumen ständig Frischluft zu. Man darf jedoch die Wirkung dieser Einrichtung nicht überschätzen[1]. Bei stärkerer Besetzung des Raumes mit Menschen reicht der so erzielte Luftwechsel häufig nicht aus. Wenn der Durchzug an einzelnen Stellen zu kräftig wird (z. B. in der Nähe der Türen) entstehen für die Insassen Belästigungen; man weiß oft auch nicht, woher die Zuluft kommt; mitunter stammt sie aus Nebenräumen mit verbrauchter Luft oder aus einer staubigen Straße mit Abgasen von Verbrennungsmotoren.

Schwer zu lüften sind alle Verkaufsstellen, die erheblich unter der Straßenoberfläche liegen (Kellerläden) und solche mit geringer Raumhöhe. Durch Einrichtungsgegenstände und Waren wird in ihnen nicht nur der vorhandene Luftraum auf ein unzureichendes Maß herabgesetzt, sondern auch der erforderliche Luftdurchzug behindert. Derartige Verkaufsstellen sollten allmählich verschwinden.

In Kleinläden wird der Luftwechsel infolge Überladung mit Waren und Einrichtungsgegenständen stets etwas träge sein. Auch an Gerüchen aller Art wird es nicht fehlen. Solange jedoch die Zahl der im Raume sich aufhaltenden Personen gering ist, kann man durch geschickte Anordnung von Lüftungsklappen, möglichst an gegenüberliegenden Seiten, und entsprechende Raumheizung auch im Winter bei geschlossener Tür einen erträglichen Luftzustand sichern. Gegebenenfalls muß man alle 2—3 Stunden für einige Minuten alle Türen und Fenster öffnen und kräftigen Durchzug herbeiführen. Größere Ausgaben für Lüftungseinrichtungen können solche Geschäfte meistens nicht tragen.

Soweit es sich um hohe, geräumige und nicht zu große Verkaufsstellen handelt, die zu ebener Erde oder darüber liegen, große Fensterfläche im Verhältnis zur Grundfläche besitzen und keinen übermäßigen Geschäftsverkehr aufweisen, genügt in vielen Fällen auch für mittelgroße Läden eine sachgemäß angelegte Auftriebslüftung, besonders dann, wenn die Ladentür während des ganzen Tages offen steht, wie es im Sommer üblich ist.

Zu Zeiten stärkeren Geschäftsverkehrs kommt es infolge des häufigen Öffnens und Schließens der Ladentür oft zu Belästigungen durch Zug- und Kaltluft. Am meisten haben stillsitzende Personen darunter zu leiden, z. B. die Kassierer(innen). Es ist schwierig, in allen Fällen wirksame Abhilfe zu schaffen. Eine fühlbare Besserung läßt sich aber gewöhnlich durch Anbringen von Vorhängen, Herstellen von Luftschleusen, durch provisorische Wände, Umkleidung des Arbeitsplatzes der Kassierer(innen) u. dgl. herbeiführen. Auch durch Aufstellen von Heizkörpern in der Nähe der Tür und Fenster gelingt es häufig, die einströmende Luft

[1] Aus feuerpolizeilichen Gründen ist sie meistens unerwünscht.

bereits anzuwärmen, bevor sie zu den im Raume befindlichen Personen gelangt. Bei Zentralheizungen empfiehlt sich der Einbau von Zuluftkanälen unmittelbar hinter einem Heizkörper.

Herrscht einmal starker Andrang in der Verkaufsstelle, wie wir ihn um die Weihnachtszeit, während der Ausverkäufe, bei Verknappung lebenswichtiger Waren und in manchen Läden jeden Abend in den letzten Verkaufsstunden immer wieder erleben, dann steht es meistens schlecht um die Lüftung. Die Ausdünstungen der Menschen, deren Wärmeentwickelung, dazu die Wärme der Beleuchtungskörper und die Gerüche der Waren entwickeln einen Luftzustand, der auf natürlichem Wege kaum zu bessern ist. Einwandfreie Luftverhältnisse, besonders auch in Zeiten des Hochbetriebs, schaffen nicht nur bei den Angestellten freundliche Mienen und erhöhte Arbeitslust, sondern auch bei den Kunden regeren Besuch und gesteigerte Kauflust. Wenn man das Publikum schon zu längerem Aufenthalt in der Verkaufsstelle veranlaßt, dann soll man ihm auch das Warten so erträglich wie möglich machen. Um hier behagliche Luftverhältnisse zu schaffen, muß man die Errungenschaften moderner Technik anwenden. Als einfachste und gewöhnlich auch billigste mechanische Lüftungseinrichtung ist der Schraubenlüfter zu erwähnen. Er ist in der Lage, einen beschleunigten Luftwechsel herbeizuführen und dürfte in den meisten kleineren und vielen mittelgroßen Verkaufsstellen ausreichen.

Die absaugenden Ventilatoren weisen allerdings eine Reihe von Nachteilen auf. Sie laufen mehr oder minder geräuschvoll und rufen im Raume während der kälteren Jahreszeit oft Zugbelästigungen hervor, weil infolge des Unterdruckes durch alle Raumundichtigkeiten Kaltluft eintritt, besonders aber beim Öffnen der Ladentür. Es dringt aber nicht nur Frischluft von außen ein, sondern auch Straßenstaub, verbrauchte oder muffige Luft aus Nachbarräumen (Lägern, Kellern u. dgl.) und verschlechtert die Atemluft. Oft wird die Wirkung des Lüfters dadurch behindert, daß unmittelbar neben oder unter ihm ein Fenster offensteht. Es findet dann ein sofortiger Druckausgleich statt, und die entfernter liegenden Raumteile bleiben unbeeinflußt vom Ventilatorsog. Diese Umstände und das Bestreben, elektrische Kraft zu sparen, sind im wesentlichen daran schuld, daß die Schraubenlüfter, soweit sie überhaupt in offenen Verkaufsstellen anzutreffen sind, selten in Betrieb genommen werden. Das abfällige Urteil über sie ist aber nur zu einem Teile wirklich begründet; vielfach beruht es auf unsachgemäßer Anwendung der technischen Einrichtungen. Sollen z. B. zur Unterstützung des Ventilators Fenster geöffnet werden, so muß dies an einer gegenüberliegenden Wand geschehen. Sind hier keine Fenster vorhanden, so empfiehlt es sich, wenigstens Luftklappen dorthin zu setzen. Dann erhält man Durchzug und damit stärkeren Luftwechsel. Die Geräusche der Ventilatoren vermindern sich mit der Abnahme der Drehzahl und des Widerstandes. Man muß also, um die gleiche Leistung wie zuvor beizubehalten, entweder den Schraubendurchmesser vergrößern oder mehrere Lüfter einbauen.

Die alleinige Absaugung der Raumluft bringt immerhin mancherlei Nachteile mit sich, so daß man sie nur in wenigen Fällen wirklich empfehlen kann (z. B. wenn unangenehme Dünste abgeführt werden sollen). Besser als Absaugen ist meistens das Einblasen von Frischluft. Der Raum muß dabei unter einen leichten Überdruck gesetzt werden. Das Einblasen muß jedoch so vor sich gehen, daß keine Personen durch die einströmende Luft belästigt werden.

Wenn möglich, baue man den Lüfter in die den Fenstern und der Tür gegenüber liegende oder benachbarte Wand ein, allenfalls noch in ein nicht zum Öffnen bestimmtes Fenster (Abb. 70). Wählt man den Platz für den Ventilator nicht sorgfältig aus, so hat man unter Umständen Belästigungen der Rauminsassen zu befürchten und gibt dadurch mittelbar leicht Veranlassung, die Einrichtung nicht zu benutzen. Bisweilen läßt sich die Luft mit Hilfe von Leitblechen, die unterhalb oder seitlich vom Ventilator angebracht werden, in die gewünschte Richtung lenken und gut verteilen. Wenn die Raumverhältnisse es gestatten, kann man eine zugluftfreie Belüftung auch dadurch erreichen, daß man den Ventilator in einem kleinen Vorraum neben dem Laden unterbringt. Die Frischluft dringt dann erst in diesen Vorraum und wird von hier, im Winter bereits etwas angewärmt, durch eine, besser noch mehrere Öffnungen in die Verkaufsstelle eingedrückt. Der Vorraum muß stets peinlich sauber gehalten werden, damit keine unnötige Verunreinigung der Atemluft stattfindet. Eine nahezu unmerkliche Luftzuführung kann man auch durch Anbringen von „Anemostaten“ oder Luftverteilern nach Art der in Abb. 46—50 gezeigten bewirken.

Abb. 70. Schraubenlüfter in einer offenen Verkaufsstelle.

Die Luftabführung kann man bei Verwendung von mechanischer Drucklüftung verschieden gestalten. Am einfachsten ist es, Fenster zu öffnen. Liegen diese ungünstig, so kann man die Abluft auch durch Luftschächte oder Klappen ins Freie führen. Sind unangenehme Gerüche zu beseitigen, so sollte man mit Rücksicht auf die Nachbarschaft möglichst über Dach ausmündende Luftschächte verwenden. Im übrigen empfiehlt es sich dringend, stärker riechende Waren unter Glasschränke zu setzen, die eine besondere Lüftung oder Kühlung (vgl. Abb. 71) oder wenigstens einen Abzug ins Freie aufweisen. Zur Beseitigung von Gerüchen und gleichzeitigen Luftkühlung (z. B. in Fleischereien, Fisch- oder Delikatessengeschäften) kann man auch einen Apparat nach Art des auf S. 53 beschriebenen „Klimativs“ verwenden. Zur Konservierung von Lebensmitteln, besonders Fleischwaren, eignet sich eine kleine Ozonanlage nach Art der ebenfalls auf S. 53 erwähnten. Ist mechanische Luftzuführung bereits vorhanden, so kann die Ozonanlage unmittelbar an den Ventiator angeschlossen werden, um gleichzeitig Frischluft und eine möglichst gute Verteilung des Ozons auf die Raumluft zu erhalten. Man vermeide jedoch eine zu starke Ozonisierung des Raumes, da diese unangenehm empfunden wird.

Soweit es technisch und wirtschaftlich nur irgend durchführbar ist, empfiehlt sich der gleichzeitige Einbau einer mechanischen Be- und Entlüftung. Das gilt vor allem für Räume mit toten Ecken und Winkeln, aus denen die verbrauchte Luft durch den natürlichen Auftrieb nicht hinreichend abgeführt wird, ferner für niedrige und unter Straßenfläche gelegene Räume, solange sich ihre Benutzung noch nicht vollständig vermeiden läßt, im übrigen für alle Läden mit starkem Käuferandrang und nicht sehr großem Luftraum. Die nach dem heutigen Stande der Technik am besten geeignete und für zahlreiche Verkaufsstellen auch wohl wirtschaftlich noch erschwingbare Belüftungseinrichtung ist eine Anlage, bestehend aus dem Luftpropeller, einer Heizanlage und gegebenenfalls einem Luftfilter. Zur weiteren Vervollständigung kann man, wo es nötig und erschwingbar ist, auch eine Kühlvorrichtung (Wasser- oder Solekühlung) vorsehen. Wasserkühlung dürfte in den meisten Fällen am billigsten sein und auch ausreichen, sofern kaltes Brunnen- oder Leitungswasser in hinreichenden Mengen zur Verfügung steht. Derartige Lüftungsanlagen werden von den meisten anerkannten Firmen der Lüftungsindustrie geliefert. Bei Verwendung solcher Anlagen hat man die Gewähr, auch in einer Gegend, in der die Außenluft stark verunreinigt ist, z. B. im Verkehrszentrum einer Großstadt oder inmitten zahlreicher industrieller Betriebe, eine reine und der Temperatur der Jahreszeit angepaßte Frischluft zu erhalten. Gleichzeitig spart man im Winter an Heizung. Bei strenger Kälte kann es unter Umständen nötig werden, der Luft etwas Feuchtigkeit beizugeben.

An Stelle des Schraubenlüfters kann man gelegentlich auch Schleuderradlüfter verwenden, wo größere Widerstände zu überwinden sind oder wo Hochdruckschraubenlüfter wegen der Geräusche oder aus anderen Gründen ungeeignet erscheinen. Die Anlage wird dann meistens so gebaut, daß die eingesaugte Luft in einen Luftkanal geführt wird, der an der Decke des Raumes entlang läuft und eine größere Anzahl Luftaustrittsstellen enthält. Um die Eintrittsgeschwindigkeit der Luft weitgehend herabzusetzen, empfiehlt es sich, die Eintrittsöffnungen mit Gitterverschluß zu versehen, dessen Stabquerschnitt quadratisch oder rechteckig ist. Noch bessere Wirkung erreicht man durch ein Doppelgitter, bei dem die Gitterstäbe der einzelnen Reihen gegeneinander versetzt sind. Bisweilen läßt man die Luft auch aus einem Hohlraum in der Decke durch zahlreiche, der Raumarchitektur angepaßte Schlitze in den zu belüftenden Raum treten.

Mit Rücksicht auf die Anschaffungs- und Betriebskosten kommen Lüftungsanlagen nach Art der zuletzt beschriebenen mit mechanischer Be- und Entlüftung, Vorwärmung usw. in der Regel nur für größere Geschäfte mit stärkerem Umsatz in Frage.

In größeren Kaufhäusern und in Warenhäusern läßt sich eine zugfreie Lüftung in der Regel nur durch den Einbau einer zentralen Lüftungsanlage mit Vorwärmung bzw. -kühlung erreichen. Die Zuluft treibt man durch möglichst zahlreiche Öffnungen im Luftkanal ein und führt sie an der gegenüberliegenden Seite, wiederum durch möglichst zahlreiche Öffnungen ab. An Stelle eines besonderen Abluftkanals saugt man häufig auch

Abb. 71. Lüftung in der Lebensmittelabteilung eines Warenhauses.

mittels Einzellüfter unmittelbar ins Freie ab oder begnügt sich mit einer Entlüftung durch Fenster, Klappen oder Schächte. Man muß dann aber damit rechnen, daß diese Einrichtungen, insbesondere soweit Einzellüfter in Betracht kommen, ganz oder teilweise aus irgendwelchen Gründen nicht benutzt werden und der beabsichtigte Lüftungseffekt dadurch sinkt.

Ob man von oben nach unten oder umgekehrt lüftet, hängt neben den Raumverhältnissen davon ab, ob zur Hauptsache Kalt- oder Warmluft eingeblasen wird. (In der Regel ist bei größeren Lüftungsanlagen sowohl Kalt- als auch Warmluftzuführung vorgesehen.) Bei niedrigen Räumen ist eine Lüftung von oben nach oben am zweckmäßigsten. In Lebensmittelabteilungen ist auf die Zuführung reiner, staubfreier und richtig temperierter Luft besonderer Wert zu legen, so daß hier der Einbau einer vollständigen Klimaanlage, zum mindesten aber einer Großlüftungsanlage mit Luftreinigung und Vorwärmung bzw. Kühlung dringend anzuraten ist.

Für den Lufteintritt in den Raum gibt es verschiedene technische Möglichkeiten. Im allgemeinen kann man auch hier die Verwendung von Anemostaten oder von Luftverteilern nach der Art der Abb. 46—50 auf S. 53 wohl als die technisch beste Lösung hinsichtlich der Vermeidung von Zugluft ansehen. Die Durchmischung der Luft und damit der Lüftungseffekt wird um so besser, je größer die Zahl der Luftverteiler gewählt wird. Deren Form läßt sich mit einigem Geschick so ausbilden, daß sie sich harmonisch in das architektonische Gesamtbild einfügt. Weniger hervor treten einfache, vergitterte Öffnungen in den Wänden oder an der Decke. Sie lassen sich daher in der Regel am leichtesten den

Abb. 72. Zuluftöffnungen (links) und Abluftöffnungen (rechts) im gleichen Warenhaus.

Raumverhältnissen anpassen, bieten aber meistens größere Schwierigkeiten hinsichtlich zugfreier Lufteinführung.

Vollständige Klimaanlagen sind in deutschen Warenhäusern noch so gut wie unbekannt; in amerikanischen Kaufhäusern sind sie bereits vertreten. Die größeren jahreszeitlichen Temperaturunterschiede im Verein mit einer stärkeren finanziellen Leistungsfähigkeit der Unternehmungen haben dort ihre Einführung begünstigt. Selbst Großlüftungsanlagen anderer Art mit Reinigung und Vorwärmung bzw. Kühlung der Luft ohne vollautomatische Steuerung finden sich nur in wenigen großen deutschen Kauf- und Warenhäusern und auch da meist nur in einzelnen Abteilungen. Sie werden im übrigen häufig nicht benutzt. Abb. 71 und 72 zeigen eine Be- und Entlüftungsanlage der Lebensmittelabteilung eines Potsdamer Warenhauses[1]. Es ist eine Querlüftung von oben nach oben (geringe Raumhöhe). Im Vordergrunde erkennt man Glasschränke für Lebens-

[1] Ausgeführt von der Firma Dannaberg und Quandt, Berlin.

mittel mit eingebauter Kühlschlange. Wie wenig in manchen Abteilungen eines Warenhauses, z. B. in der Spiel-, Kurzwaren- oder Teppichabteilung, die natürliche Lüftung, bisweilen verstärkt durch einzelne Ventilatoren, ausreicht, läßt ein Besuch dieser Verkaufsräume in den Nachmittags- und Abendstunden, vor allem in den Wochen vor Weihnachten, deutlich erkennen. Die vielen Menschen und die zahlreichen Beleuchtungskörper verursachen eine unangenehm warme und feuchte, mit Gerüchen aller Art durchsetzte Luft. Auch in den zahlreichen Nebenräumen der Warenhäuser sind die Lüftungsverhältnisse oft noch recht ungünstig. Die Expedition, die Konfektions- und Ausbesserungswerkstätten, die Garderobenräume, Kantinen, Küchen usw. sind trotz mancher Verbesserungen in den letzten Jahren vielfach noch in völlig unzureichenden Räumen untergebracht. Zum Teil liegen sie dicht unter dem Dach, so daß sie der Sonnenbestrahlung im Hochsommer schutzlos ausgesetzt sind, zum Teil nutzt man die Kellerräume aus und mutet den Angestellten den Aufenthalt in Räumen ohne Fenster und mechanische Belüftung zu. Während des größten Teiles ihrer Arbeitszeit sind die hier tätigen Personen auf künstliches Licht und die staubige und muffige Kellerluft angewiesen. Wenn es schon nicht möglich ist, alle Arbeits- und Erholungsstätten in den Bereich des Sonnenlichtes zu verlegen, so sollte man wenigstens nach besten Kräften für saubere und einwandfreie Atemluft sorgen.

Die nicht zu verkennenden Schwierigkeiten des Einfügens einer modernen Lüftungsanlage in die Raumarchitektur bestehender Gebäude und die Scheu vor den Kosten dürfen auf die Dauer kein Hinderungsgrund sein gegenüber den unzweifelhaften hygienischen und damit auch wirtschaftlichen Vorteilen eines zuträglichen Klimas. Größere Kaufhäuser, in welchen eine neuzeitliche mechanische Lüftungsanlage fehlt, sind heute rückständig.

b) Büroräume.

Soweit irgend angängig, empfiehlt sich für Büroräume die Lüftung durch natürlichen Luftauftrieb. Sie ist am einfachsten, billigsten und geräuschlosesten. Für über 3 m hohe Räume zu ebener Erde und in darüberliegenden Stockwerken reicht sie bei sachgemäßer Anwendung und verhältnismäßig geringer Besetzung auch in den meisten Fällen aus. Unzureichend dagegen ist in der Regel der Luftwechsel in niedrigen Räumen und in Kellern. Derartige Büros trifft man gar nicht so selten an; man findet sie besonders in Verbindung mit gewerblichen Arbeitsräumen oder offenen Verkaufsstellen. Die sitzende Tätigkeit der Insassen, der Lärm und Staub der Straße verbieten vielfach ein längeres Öffnen der Türen und — soweit es noch möglich ist — der Fenster. Der mangelnde Luftwechsel läßt dann bald eine stickige, muffige, nach menschlichen Ausdünstungen und Papier riechende, verbrauchte Luft entstehen, die Arbeitsunlust erzeugt und das Allgemeinbefinden aller Personen im Raume stört. Selbst wenn man hier einen kräftigen Durchzug verursachen würde, erhielte man zum großen Teil keine Frischluft, sondern nur muffige und stickige Kellerluft aus Nachbarräumen oder verunreinigte Luft von der Straße her.

Wenn in sonst einwandfreien Räumen von den vorhandenen Lüftungsmöglichkeiten aus Bequemlichkeit, Furcht vor Luftzug u. dgl. kein Gebrauch gemacht wird, so kann man nicht ohne weiteres von einem Versagen der Auftriebslüftung sprechen. Im Winter ist es mit Rücksicht auf den Fortgang der Arbeit nicht immer möglich, die Fenster oft und für längere Zeit in ihrer ganzen Ausdehnung offen zu halten. Selbst das ständige Offenhalten der Oberfenster bringt oft Belästigungen der un-

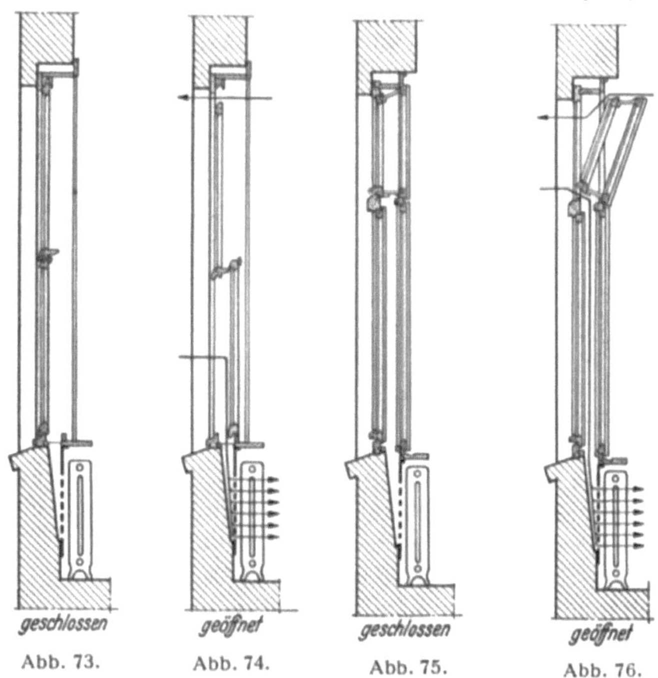

Abb. 73. Abb. 74. Abb. 75. Abb. 76.

Stumpf-O-S-Spezialfenster.

mittelbar am Fenster beschäftigten Personen mit sich. Günstiger als die um senkrechte Achsen drehbaren sind die um die untere Kante drehbar angeordneten Entlüftungskippflügel, vor allem wenn sie seitlich mit Schutzblechen zum Fernhalten der Kaltluft versehen sind. Zugbelästigungen lassen sich ferner durch den Einbau von Spezialfenstern nach Art der Abb. 73—76 vermeiden. Diese Stumpf-O-S-Fenster werden sowohl als einfach verglaste wie als Doppelfenster (Kippkastenfenster) von der Herstellerfirma[1] geliefert. Die Doppelfenster sind wegen der leichteren Bedienungs- und besseren Abdichtungsmöglichkeit meistens vorzuziehen. Die Frischluft wird zunächst über den Heizkörper geführt, ehe sie in den Atembereich gelangt. Das Einfallen kalter Luft in die geöffnete obere Klappe ist unter normalen Verhältnissen weitgehend behindert; es wäre

[1] Richard Biel, Hamburg 1, Bieberhaus.

höchstens bei stärkerem Windanfall zeitweise möglich. Hiergegen kann man sich durch entsprechende Einstellung des Öffnungswinkels und durch Seitenbleche einigermaßen schützen. Derartige Fenster lassen sich einfach und nicht zu teuer[1] herstellen; sie können, ohne Belästigungen zu verursachen, längere Zeit oder gar ständig geöffnet bleiben. Man vermeidet mit ihrer Hilfe in vielen Fällen umständliche und teure Kanäle, lange Schächte, Lüfterköpfe und alles Beiwerk, das mit der mechanischen Entlüftung sonst verbunden ist. Ob freilich die Luftströmung stets den vorgezeichneten Weg wählt, ist bei der Verschiedenartigkeit der Windrichtung und Stärke nicht gewiß. Die Wirksamkeit dieser Lüftungsart ist im wesentlichen auf die Heizungsmonate beschränkt. Immerhin dürfte ihre Verwendung dann billiger sein als der Betrieb der meisten mechanischen Lüftungseinrichtungen. Voraussetzung ist allerdings eine genügend große Fensterfläche und Zentralheizung im Raume.

Eine andere, für Büroräume brauchbare Art der Fensterlüftung läßt sich dadurch ausbilden, daß man im oberen Teil der Fenster verstellbare, jalousieartige Klappen aus Glas anbringt, welche nur schmale Öffnungen für den Luftwechsel freilassen. Die Klappen dienen im wesentlichen zur Abführung der verbrauchten Luft. Ihre Wirkung läßt sich verbessern, wenn man Doppelfenster zur Verfügung hat. Dann können sowohl das Außen- wie das Innenfenster Jalousieklappen erhalten, die man zweckmäßig gegeneinander versetzt. Dadurch ist es, abgesehen von Zeiten stärkeren Winddrucks auf das Fenster, möglich, eine einigermaßen zugfreie Dauerlüftung zu erzielen.

Bei allen Arten der Fensterlüftung ist zu berücksichtigen, daß der Luftwechsel um so kräftiger wird, je mehr die Fensteröffnungen von der Mitte des Raumes, entfernt sind.

In neueren Gebäuden ist man aus Gründen der Wärmeersparnis bemüht, die Raumundichtigkeiten möglichst klein zu halten. Man baut Doppelfenster, Doppeltüren, dichte Türfalze, gut isolierende Wände u. dgl. Der Luftwechsel ist daher selbst unter Zuhilfenahme der Fensterklappen, vor allem bei mangelnder Fensterfläche, häufig unzureichend, besonders in der wärmeren Jahreszeit oder bei Anwesenheit vieler Menschen. Dann muß man zu weiteren Hilfsmitteln greifen. So verspricht z. B. der Einbau von Luftschächten vielfach Erfolg. Die Bauart ist verschieden. Man findet z. B. mit Drahtgitter oder gelochtem Blech abgedeckte Öffnungen in der Raumdecke, durch welche die Abluft unmittelbar oder unter Benutzung einer Sammelleitung mittels Schacht nach oben geführt wird. Bisweilen legt man auch, namentlich bei mehrstöckigen Häusern, durchgehende Schächte an den Innenwänden der Räume bis über das Dach und verbindet jeden einzelnen Raum durch vergitterte Öffnungen mit dem Schacht. Meistens legt man die Abluftöffnungen in die Nähe der Decke; bisweilen richtet man auch noch eine zweite Öffnung in der Nähe des Fußbodens ein. Mittels verstellbarer Schieber wird der Luftstrom gesteuert. Die obere Klappe öffnet man gewöhnlich im Sommer, um die

[1] Der Preis liegt etwa 25% höher als bei gewöhnlichen Fenstern.

in der Nähe der Decke befindliche warme und verbrauchte Luft abzuführen, die untere im Winter, um unnötige Wärmeverluste zu vermeiden. Die Zuluft tritt, wenn keine besonderen Zuführungsstellen vorgesehen oder geöffnet sind, nur durch Tür-, Wand- und Fensterundichtigkeiten ein. Bei guter Abdichtung aller Verschlüsse reicht die so hereinkommende Luft häufig nicht aus. Es ist daher zweckmäßig, auch der Luftzuführung besondere Aufmerksamkeit zu schenken, wenn man von den Ablufteinrichtungen gute Wirkung verlangt. Ist Zentralheizung vorhanden, so kann man Zuluftöffnungen hinter den Heizkörpern anbringen und durch deren entsprechende Formgebung oder durch Anbringen von Leitblechen die eindringende Luft gleich in angewärmtem Zustande nach oben führen. Derartige Einrichtungen scheinen aber wenig beliebt zu sein. Eine unmittelbare Kanalverbindung mit der Außenluft ist für Büros selten angebracht, jedenfalls nicht im Winter. In Ermangelung anderer Möglichkeiten kann man unter Umständen aus benachbarten Räumen mit verhältnismäßig gutem Luftwechsel bereits vorgewärmte Zuluft einleiten, z. B. aus sauberen Fluren oder Vorhallen. Wenig Gebrauch gemacht wird von der einfachen und billigen Möglichkeit, Frischluft dadurch anzuwärmen, daß man sie zuvor an warmen Schächten oder Wänden entlang führt. Die Schornsteine von Küchen und Heizungen oder die Kanäle von Warmwasserleitungen z. B. lassen sich in vielen Fällen mit einigem Geschick hierzu ausnutzen. Für Räume, die besonders fußkalt sind, empfiehlt sich bei Ofenheizung unter Umständen das Dammer-Umluftverfahren[1]. Hierbei wird die an der Decke des Raumes angesammelte warme Luft mittels Saugrohr unter dem hohl verlegten Fußboden hindurch dem Ofen zugeführt. Die Saugkraft des Ofens ist dabei die treibende Kraft für die Luftbewegung. Durch das Vorbeiströmen der warmen Luft wird der Fußboden angewärmt. Für Zentralheizungen ist ein ähnliches Verfahren in der Ausarbeitung begriffen. Zum Luftwechsel trägt dieses Verfahren unmittelbar nicht bei.

Den auf die einzelne Person entfallenden Luftraum wähle man nicht zu klein. Er soll in Büros bei 2—3fachem Luftwechsel in der Stunde 20 cbm möglichst nicht unterschreiten, da sonst eine Beeinträchtigung des Wohlbefindens der Angestellten, besonders der weiblichen, zu befürchten ist.

Die sog. trockene Luft in Räumen mit Zentralheizung hat meistens ihre Ursache in dem Staub, der auf den Heizkörpern bei Temperaturen von mehr als 70° verschwelt. Dabei zerfällt er in ganz kleine Teilchen, die von der Luft aufgenommen werden und in den Atmungsorganen das bekannte Trockenheitsgefühl und Kratzen verursachen. Man kann diesem Übelstande am besten dadurch entgegentreten, daß man für möglichst geringe Staubentwicklung im Raume sorgt und vor allem die Heizkörper stets frei von Staubansammlungen hält. Bei sehr starkem Frost kann sich, besonders bei geringer Besetzung, in einem gut geheizten Büro auch

[1] Hersteller der nach dem Dammer-Verfahren arbeitenden Öfen ist die Firma I. D. Wehrenbold & Sohn, Aurorahütte bei Gladenbach.

eine wirklich trockene Luft einstellen, weil der relative Feuchtigkeitsgehalt der eintretenden Kaltluft infolge Erwärmung auf Raumtemperatur stark absinkt. Es ist aber zu berücksichtigen, daß trockene Luft im Raume aus der Umgebung Feuchtigkeit aufnimmt. Reicht das nicht aus, so kann man durch Zusatz von Feuchtigkeit ein behagliches Klima schaffen. Vielfach bedient man sich dazu gewöhnlicher Tongefäße, welche in die Heizkörper eingehängt werden oder anderer primitiver und wenig dauerhafter Einrichtungen. Sie alle sind, wenn sie nicht ständig sehr sauber gehalten werden, Sammelstellen für Schmutz und Krankheitskeime. Ihr größter Nachteil liegt aber in der zu geringen Verdunstungsleistung. Er wird vermieden durch Verwendung von Luftbefeuchtungsanlagen, wie sie z. B. die Gesellschaft „Luftbefeuchtung für Zentralheizungen", Ludwigshafen a. Rh. herstellt (vgl. S. 44 und Abb. 53 und 54). Diese Apparate befeuchten nicht nur, sondern reinigen auch gleichzeitig bis zu einem gewissen Grade die Luft. Mit Rücksicht auf die Anschaffungs- und Betriebskosten dürfte ihre Aufstellung jedoch nicht überall möglich sein.

Man kann sich auch ohne Anwendung patentierter Verfahren von jeder erfahrenen Apparatefabrik einen Luftbefeuchter nach eigenen Angaben bauen lassen. Man benötigt dazu nur größere feuchte Flächen, z. B. in Form von Metallplatten, welche berieselt werden oder bei langsamer Drehung in einen Flüssigkeitsbehälter tauchen, ferner einen Ventilator, welcher die Luft an den feuchten Flächen vorbeitreibt. Falls eine Heizmöglichkeit gegeben ist, z. B. durch Anschluß an die Zentralheizung, kann die Wirkung noch erhöht werden. Ein derartiger Apparat dürfte häufig ausreichen und im allgemeinen billig herzustellen sein.

Die Auftriebslüftung setzt, wenn sie Erfolg haben soll, bestimmte Luft- und Raumverhältnisse voraus, die nicht überall anzutreffen sind, sich mitunter auch gar nicht einrichten lassen. Zunächst muß die Möglichkeit bestehen, durch Fenster oder Luftklappen unmittelbar ohne Belästigung der Insassen Frischluft einzuführen, welche noch einigermaßen sauber ist. Weiterhin ist ein ziemlich großer Luftraum pro Kopf der sich im Raume aufhaltenden Personen erforderlich. Ferner muß die Fensterfläche eine bestimmte Mindestgröße zur Grundfläche aufweisen. Alles das ist aus verschiedenen Gründen nicht immer erreichbar. Bei den großen Geschäfts- und Bürohäusern im Zentrum der Großstädte z. B., bei den Zentralen der Großbanken, den Postämtern usw., ist die Luft der Umgebung vielfach verunreinigt, die Fensterfläche nur klein, Entlüftungsschächte fehlen oder sind nicht ausreichend, mitunter räumlich auch nicht anwendbar. Dann bleibt nur die mechanische Be- und Entlüftung. Man muß bei der Entscheidung über den Einbau einer Lüftungsanlage sorgfältig die in Rechnung zu setzende Personenzahl prüfen. Liegt sie nicht fest, so hüte man sich, aus Sparsamkeitsrücksichten eine zu geringe Zahl zugrunde zu legen. Sonst versagt die Lüftungsanlage gerade dann, wenn sie am dringendsten benötigt wird. Außer der Personenzahl sind auch noch andere Einflüsse zu berücksichtigen, die einen kräftigen Luftwechsel sehr erwünscht erscheinen lassen, z. B. die Wärmestauung in Räumen, die zwecks besserer Belichtung mit einem Glasdach ausgestattet werden (Banken, Postämter, Reisebüros u. a.). Hier erwärmt sich die Luft durch die Sonnenstrahlen sehr schnell und kann, namentlich bei einem hohen Feuchtigkeitsgehalt der Luft, leicht zu einer unerträglichen Hitze und Schwüle führen. Besonders in den Ecken und seitlichen Teilen des Raumes, in denen die Angestellten zu sitzen pflegen, staut sich die Luft. Berieselungsanlagen für die Glasdächer bringen zwar etwas Kühlung, aber keinen Luftwechsel und sind in Anlage und Betrieb ziemlich teuer. Wirksame Abhilfe dürfte nur durch eine kräftige und richtig angelegte Be- und Entlüftungsanlage mit Vorwärmung bzw. Kühlung der Luft zu schaffen sein (vgl. Abb. 51).

Abb. 77. Entlüftung eines Büros durch einen Zwischenraum an der Decke.

Wie in offenen Verkaufsstellen läßt sich auch in Büros die mechanische Lüftung auf vielerlei Weise ausführen. Auch hier ist der gewöhnliche Schraubenlüfter zum Absaugen der verbrauchten Luft zwar der einfachste und billigste Apparat. Die bereits früher (S. 57) erwähnten Nachteile seiner Aufstellung gelten aber ganz besonders auch für Büroräume, weil die hier tätigen Personen infolge ihrer meist sitzenden Beschäftigung in geschlossenen Räumen sehr empfindlich gegen Zugluft sind. Will man daher die Benutzung absaugender Ventilatoren auch im Winter erträglich machen, so muß man in erster Linie für zugfreie Zuluft sorgen. Das ist meistens schwer, weil der Ventilator sich den erforderlichen Luftbedarf durch Tür- und Fensteröffnungen bzw. -undichtigkeiten ansaugt. Um Belästigungen zu vermeiden, muß man in ähnlicher Weise, wie es bei der natürlichen Lüftung der Verkaufsstellen geschildert wurde, versuchen, Frischluft in ausreichendem Maße und möglichst vorgewärmt einzuführen. Luftzu- und -abführung dürfen nicht an derselben Raumwand liegen, da sonst keine richtige Durchmischung der Raumluft stattfindet.

Ist es bautechnisch schwierig, vom Büroraum aus gleich ins Freie abzusaugen oder will man den Lüfterkanal im Büro selbst vermeiden, so saugt man von einem unmittelbar angrenzenden (gewöhnlich höher gelegenen) Zwischenraum ab, der mit dem zu entlüftenden Raume in Verbindung steht (vgl. Abb. 77).

Stattet man einen Büroraum mit einer Lüftungsanlage aus, so ist der mechanischen Belüftung (Drucklüftung) in der Regel der Vorzug zu geben. Voraussetzung ist jedoch, daß die Zuluft im Winter angewärmt einströmt. Man führt die Luft am besten an der den Fenstern gegenüberliegenden Raumseite, allenfalls auch noch an der Querseite ein. Häufig wird man dabei ohne einen kürzeren oder längeren Luftkanal nicht auskommen, da die den Fenstern gegenüberliegenden Wände in den wenigsten Fällen Außenwände sind. Die Fensterseite sollte man vermeiden, wenn damit zu rechnen ist, daß während des Betriebes der Lüftungseinrichtung die Fenster geöffnet werden. Der größte Teil der eingedrückten Luft würde gleich wieder ins Freie entweichen. Zum Anwärmen der Zuluft läßt sich eine vorhandene Dampf- oder Warmwasseranlage gewöhnlich gut ausnutzen. Die Luft wird dann vor ihrem Eintritt in den Raum über ein mit Lamellen eng besetztes Rohrsystem geführt. Es empfiehlt sich, wenn irgend angängig, vor den Heizkörpern ein Filter zu schalten (Wasser- oder Ölfilter[1]) um die mit der Frischluft stets eindringenden Unreinlichkeiten zurückzuhalten und den Heizkörper zu schonen. Zwischen den Lamellen setzt sich sonst der Staub fest und bildet eine Sammelstätte für Unreinlichkeiten aller Art. Die durch die Heizwärme verschmorenden Staubteilchen verursachen überdies unangenehme Gerüche. Abb. 78 und 79 zeigen eine Belüftungsanlage mit Luftvorwärmung unter Ausnutzung einer Niederdruckdampf-Heizanlage. Der Luftstrom wird mittels Zentrifugalventilator von außen angesaugt und durch ein feinmaschiges Sieb hindurch über die Heizrohre nach oben geführt; er folgt also der durch die Zentralheizung eingeleiteten Luftströmung im Raume. Wie ersichtlich, läßt sich die Anlage gut reinigen; sie liegt freilich an der Fensterseite und setzt daher das Geschlossenhalten des Fensters während des Betriebes der Lüftungsanlage voraus, wenn man von ihr Nutzen haben will.

Abb. 78. Belüftungsanlage mit Luftvorwärmung.

Eine Drucklüftung wirkt erst dann zufriedenstellend, wenn die richtige Wechselwirkung zwischen der Zu- und Abführung der Luft hergestellt ist. Ein absaugender Ventilator neben mechanischer Luftzuführung ist gar nicht immer notwendig, oft sogar störend. Vielfach genügen in Büros zur

[1] Wasserfilter haben sich für kleinere Anlagen weniger wirksam erwiesen.

Luftabführung richtig bemessene Luftschächte mit wirksamen Saugköpfen nach Art der auf S. 23—25 geschilderten. Wenn man bei größeren Räumen z. B. einen über den ganzen Umfang der Decke verteilten Kranz hinreichend großer Abluftöffnungen, welche an gut ziehende Luftschächte angeschlossen sind, anordnet, erzielt man nicht nur einen gleichmäßigen Luftabzug, sondern auch ein gefälliges Aussehen.

Man kann die Luft auch durch einen Vorraum mechanisch einführen, wie es ähnlich bereits bei der Behandlung der offenen Verkaufsstellen geschildert wurde. Ohne Beheizung des Vorraumes dürfte jedoch nicht damit zu rechnen sein, daß die Anlage im Winter benutzt wird.

In mehreren zusammenhängenden Büroräumen oder in großen Bürohäusern ist Einzelbelüftung meistens unzweckmäßig. Man bedient sich dann gewöhnlich einer oder mehrerer Großanlagen mit Luftreinigung, Vorwärmung bzw. Kühlung und meistens auch Befeuchtung. Vollautomatische Klimaanlagen stellen auch hier technisch die beste Lüftungsart dar, weil sie einen stets gleichbleibenden Luftzustand ohne ständige menschliche Wartung gewährleisten. Ihre Anwendung stößt aber mitunter auf Schwierigkeiten; sie ist auch nicht immer notwendig und im übrigen teurer als andere Lüftungsarten. Sie ist z. B. nicht angebracht in Häusern, in denen nur ein Teil der Räume gleichzeitig benutzt wird; ihr Betrieb wird hier zu teuer und dann vielfach eingestellt. Sie ist unzweckmäßig für Gebäude, die häufigen Änderungen unterworfen werden. Die gleichfalls notwendige Änderung der Lüftungskanäle unterbleibt vielfach, oder das Kanalsystem erleidet Schaden, durch den die Wirkung der ganzen Anlage beeinträchtigt wird. Ihre Stillegung ist oft die Folge. Eine spätere Wiederinbetriebnahme ist meistens mit erheblichen Unkosten verbunden. Daher eignen sich vollautomatische Klimaanlagen nicht für jedes Bürohaus. Man hat sie z. B. in großen Verwaltungsgebäuden, in Postgebäuden u. ä. eingebaut. Von größter Bedeutung ist die richtige Bemessung der Anlage. Man kann 2 Systeme unterscheiden:

Abb. 79. Inneres der Belüftungsanlage.

1. Die Anlage dient der Heizung und Lüftung.
2. Heizung und Lüftung sind voneinander getrennt.

Im ersten Falle muß der Luftwechsel sehr kräftig und die Temperatur der eingeblasenen Luft verhältnismäßig hoch sein (meistens um 40° herum). Die benötigte Luftmenge ist nicht allein von dem Gebrauch im Raume durch Menschen, Wärmequellen usw. abhängig, sondern auch von dem Heizbedürfnis. Eine gewisse Regelung läßt sich zwar durch die Einblasetemperatur treffen, aber nur in engen Grenzen. Bei stärkerem Frost oder Winddruck kann es daher notwendig werden, in größeren, von Menschen nur wenig besetzten Räumen (viel Außenwände, undichte und große Fenster u. ä.) einen sehr hohen Luftwechsel zu schaffen zwecks Erhaltung einer behaglichen Temperatur. Andere Räume dagegen, welche an der windgeschützten Seite liegen, wenig Außenwand haben und stark belegt sind, benötigen erheblich weniger Wärme, dafür aber größere Frischluftmengen. Sind beide Raumgruppen an die gleiche Luftheizung angeschlossen, so ist es schwierig, den verschiedenartigen Bedürfnissen trotz Reguliereinrichtungen gerecht zu werden.

Luftheizungen, die zu einem großen Teile mit Frischluft arbeiten, haben jedoch den Vorteil, daß infolge des starken Luftwechsels stets eine gute Raumluft vorhanden ist. Bei richtiger Wartung der Anlage muß im Arbeitsraum ein geringer Überdruck herrschen, so daß Zugbelästigungen auch im schlimmsten Winter nicht vorkommen dürften. Sie treten aber praktisch dann und wann doch auf infolge irgendwelcher Unregelmäßigkeiten im Bürobetrieb, infolge falscher Bedienung der Anlage oder sonstiger Störungen. Luftheizungen, welche aus Ersparnisgründen nur mit Umluft, d. h. verbrauchter Raumluft, arbeiten, sind nicht zu empfehlen.

Das beste Anwendungsgebiet für Luftheizungen sind demnach große Räume mit möglichst gleichmäßigem Luft- und Wärmebedarf. In Bürohäusern sind aber selten derartige Verhältnisse anzutreffen; man benötigt im Gegenteil meistens zahlreiche kleine Räume neben größeren Arbeitssälen mit verschiedenem Wärme- und Luftbedarf. Ferner erfordern vereinigte Heiz- und Lüftungsanlagen große und teuere Apparaturen. Man findet daher in Bürohäusern meistens neben der Lüftungs- noch eine Heizanlage. Das schließt natürlich nicht aus, die Lüftung auch zum Heizen zu verwenden. So genügt z. B. in den Übergangsjahreszeiten die Einschaltung der Warmluftzuführung vielfach, um eine erträgliche Raumtemperatur (+18 bis 20° C) für die Büros zu erzielen.

Bei einer von der Raumheizung getrennten Lüftungsanlage kann der Luftwechsel erheblich niedriger und die Anlage demnach kleiner bemessen werden. Ein 2—3facher Luftwechsel in der Stunde genügt meistens. Auch die Temperatur der eintretenden Luft braucht im Winter nur wenige Grade über der allgemeinen Raumtemperatur zu liegen, also zwischen 22 und 25° C. Bei der bekannten Empfindlichkeit der Büromenschen ist es besser, die Temperatur etwas zu hoch als zu niedrig zu wählen, um keine Veranlassung zum Ausschalten der Anlage zu geben. Deren häufige Überprüfung durch besonders beauftragte, sachverständige Personen auf ordnungsgemäßes Arbeiten hin, ist unbedingt nötig. Leider wird darauf vielfach zu wenig Gewicht gelegt. Die Lüftungsanlage kommt dann bei denjenigen, in deren Interesse sie geschaffen ist, leicht in einen unverdient schlechten Ruf. Bei stärkerem Abfall der Lufttemperatur, bei berechtigten Klagen über Zugluft u. dgl., muß unverzüglich den Ursachen nachgegangen werden.

Die Luftkanäle zieht man in Büros aus Schönheitsrücksichten in der Regel nicht in Form von Blechrohren durch den Raum, sondern verlegt sie gewöhnlich in der Wand oder an der Wand hinter Verschalungen, so daß sie dem Auge kaum auffallen. Hinsichtlich der Luftführung gilt das bereits an anderer Stelle gesagte (vgl. S. 33ff.). Für die Art der Ausführung im Einzelfalle sind stets die besonderen Raumverhältnisse maßgebend. Abb. 80 und 81 zeigen, in welcher Weise man Raumeinbauten für die Lufteinführung dienstbar machen kann.

Abb. 80. Luftverteiler im Büro.

Der Aufbau einer Großlüftungsanlage für Büroräume sei an einem ausgeführten Beispiel kurz erläutert. Es handelt sich um das Columbushaus am Potsdamer Platz in Berlin[1]. Es ist einer der ersten Versuche in Deutschland, in einem Bürohaus von größtem Ausmaße eine zentrale Lüftungsanlage einzubauen. Das Haus enthält neben Büroräumen von 5600 qm Grundfläche Läden von insgesamt 1100 qm Grundfläche, außerdem im Dachgeschoß Gaststätten. Bei der Lage im Brennpunkt des Weltstadtverkehrs ist die künstliche Lüftung für das Fernhalten von Staub, Motorenabgasen und anderen Dünsten, ferner für die Dämpfung des Verkehrslärmes von besonderer Bedeutung. Zugrunde gelegt wurde für die Büroräume vom 2. bis 9. Geschoß ein $2^1/_2$facher, für die Verkaufsstellen ein 4facher

[1] Nach Ausführungen von Baer u. Seidel, Z. VDI. **1932**, Nr 38.

und für die Gaststätten ein 7—8facher Luftwechsel in der Stunde. Bis zu einer Außentemperatur von + 10° C kann die Lüftungsanlage gleichzeitig zur Raumheizung verwendet werden. Im Winter soll der relative Feuchtigkeitsgehalt mindestens 50%, die Temperatur rund +20° betragen, im Sommer soll die Innentemperatur + 26° und der Feuchtigkeitsgehalt 65% bei einer höchsten Außentemperatur von +30° nicht überschreiten.

In fast allen Räumen findet mechanische Zu- und Abführung der Luft statt. Auf die maschinelle Abführung hat man nur in den Verkaufsstellen verzichtet, um hier einen leichten Überdruck zu erzielen und damit Zugluft zu vermeiden. Lediglich Absaugung erhielten die Bedürfnisanstalten, die Küchen und die Gaststättenräume im Dachgarten (Vermeidung von Geruchsübertragungen). Sämtliche Maschinen zur Entlüftung sind im Dachgeschoß untergebracht. Die Zuluft wird in 2 Anlagen im Tiefkeller aufbereitet (150000 cbm/Std.). Man entnimmt die Frischluft an verschiedenen Stellen der Hofseite in Höhe des 3. bis 7. Stockwerkes. Durch teilweise Regeneration der verbrauchten Luft (Umluftverfahren) werden die Betriebskosten in erträglichen Grenzen gehalten.

Abb. 81. Zuluftöffnungen in den Pfeilern.

Um eine weitgehende technische und wirtschaftliche Anpassungsfähigkeit an die Bedürfnisse der einzelnen Räume bzw. Raumgruppen zu erzielen, hat man, für 1—2 Geschosse gesondert, Nachwärmer und Ventilatoren angeordnet.

Zur Bedienung der beiden Luftaufbereitungsanlagen ist nur das Betätigen der elektrischen Schalter erforderlich; Heizdampf, Kühlwasser und Frischluftklappen steuern sich selbsttätig.

Die Abluft wird in die Flure geführt, so daß diese in ihrem ganzen Ausmaß als Abluftkanäle anzusehen sind. Zwischen den Abluftöffnungen im Raume und den Austrittsstellen nach dem Flur, also in die Wand, hat man Geräuschfilter zur Schalldämpfung eingebaut. Das umfangreiche und verwickelte Leitungsnetz für die Bürogeschosse mit mehr als 350 Austrittsöffnungen wurde nach einem durch D.R.P. geschützten Verfahren der Bewetterungsgesellschaft m. b. H., Berlin, ausgeführt.

Die künstliche Be- und Entlüftung von Bürohäusern gehört mit zu den schwierigsten Problemen der Lüftungstechnik überhaupt, weil hier an ein reibungsloses Arbeiten der Anlage eine ganze Reihe hoher und oft schwierig zu bewältigender Anforderungen bei möglichst geringem Kostenaufwand gestellt werden. Erst in jüngster Zeit ist es auf der Grundlage langjähriger Erfahrungen und emsiger Fortentwicklung der technischen Einrichtungen, vor allem auch der elektrischen Meß- und Anzeigevorrichtungen, möglich geworden, an die Probleme ohne allzu großes Risiko heranzugehen.

c) Kleinwerkstätten.

Unter Kleinwerkstätten sind in erster Linie die Arbeitsräume der Handwerker zu verstehen (Schneider, Schuster, Schlosser, Friseure u. ä.), ferner alle sonstigen kleineren Werkstätten, die weder als Handwerks- noch als ausgesprochene Fabrikbetriebe anzusehen sind, z. B. kleinere Betriebe zur Herstellung von Brillenfassungen, Papier-, Papp- und Lederwaren, Tabakwaren u. ä. Entsprechend ihrer gewöhnlich geringen Kapitalkraft sind derartige Unternehmungen meistens auf billige Lüftungseinrichtungen angewiesen. In erster Linie kommt also die natürliche Lüftung in Betracht. Sie genügt hier in den meisten Fällen auch, wenn sie technisch richtig angelegt ist, wenn die Räume hinreichend hoch sind (möglichst nicht unter 3 m) und nicht im Keller liegen. Die beiden letzten Voraussetzungen sind bei zahlreichen Kleinwerkstätten in den engbebauten Innenvierteln der Großstädte oft leider nicht erfüllt. Die geringe Miete für niedrige und tief gelegene Räume ist gewöhnlich ausschlaggebend für ihre Benutzung. Auch Friseurstuben z. B. findet man nicht selten im Keller (Abb. 82), bisweilen ohne Fenster und sonstige Lüftungsmöglichkeiten, meist in Räumen, die vom Erbauer ursprünglich für andere Zwecke bestimmt waren. Dabei haben gerade die Friseure, besonders die Damenfriseure, alle Ursache, auf einen guten Luftwechsel bedacht zu sein, weil

Abb. 82. Friseurstube im Keller.

ihre Berufstätigkeit (Dauerwellen, Haarwaschen, Trocknen usw.) eine schnelle Verschlechterung der Luft durch alle möglichen Gerüche und Dünste, durch Wärme und Feuchtigkeit, hervorruft.

Die Selbstlüftung der Werkstatträume ist, soweit sie über der Erde liegen, vielfach besser als bei Wohn- und Büroräumen. Der Grund liegt meistens in den erheblichen Undichtigkeiten der Fenster (meistens Einfachfenster), Türen und anderen Öffnungen. Dafür rufen diese aber leichter Zugbelästigungen hervor, so daß sich die im Raume beschäftigten Personen an kalten Tagen nicht in der Nähe der Fenster und Türen aufhalten können.

Die Raumtemperatur ist im Winter in kleineren Werkstätten häufig recht niedrig. Daher sind die beschäftigten Personen leicht geneigt, den Zutritt von Außenluft weitgehend fernzuhalten. Die erste Voraussetzung dafür, daß die vorhandenen Lüftungsmöglichkeiten auch wirklich ausgenutzt werden, ist die Erhaltung einer angemessenen Raumtemperatur. Sie sollte selbst bei lebhafter körperlicher Arbeit +15°C nicht unterschreiten. Hinsichtlich der Fensterlüftung gilt im wesentlichen das bereits früher Gesagte. Die öffnungsfähige Fensterfläche wähle man möglichst größer als $^1/_{10}$ der Grundfläche, wenn der Raum stark mit Menschen belegt werden soll. Ferner achte man darauf, daß die Fenster keine zu geringe Öffnungshöhe aufweisen, und daß die Zu- und Abluftöffnungen möglichst weit unter bzw. über der neutralen Zone liegen. Die Unterkante der Fenster muß so weit über dem Erdboden liegen, daß der Straßenstaub beim Öffnen der Unterfenster möglichst ferngehalten wird. Die Lüftungsklappen der Oberfenster dürfen nicht eingerostet sein, sondern müssen sich bequem vom Erdboden aus bedienen lassen.

Die für eine Person benötigte Luftmenge beträgt, wenn man von der Wärmeabgabe ausgeht, bei Werkstattarbeit je nach der dabei notwendigen körperlichen Anstrengung 40—50 und mehr Raummeter pro Stunde (vgl. S. 8). Man wird sich in der Praxis freilich oft mit geringeren Werten begnügen müssen. Bei mäßigen Raumtemperaturen kann man bis 30 cbm heruntergehen, wenn sonst günstige Verhältnisse vorliegen. Reicht die vorhandene Fensterlüftung nicht aus, oder können die Fenster während der Arbeitszeit nicht geöffnet bleiben, so kann man sich dadurch helfen, daß man von Zeit zu Zeit kräftigen Durchzug schafft, am besten durch Öffnen gegenüberliegender Fenster. Das wird vielfach nur unter Einlegung kurzer Lüftungspausen möglich sein. Die üblichen Betriebspausen, welche selbstverständlich ebenfalls ausgenutzt werden müssen, reichen dafür selten aus. Erfahrungsgemäß finden die Lüftungspausen jedoch selten bei der Gefolgschaft den erforderlichen Anklang.

Zur Unterstützung der Fensterlüftung verwendet man häufig Abluftschächte mit verstellbaren Verschlußklappen. Letztere sind freilich oft so vernachlässigt und die Öffnungen so verschmutzt, daß keine großen Wirkungen davon zu erwarten sind. Bisweilen werden sie auch vollständig verschlossen gehalten, weil sie angeblich Zugluft verursachen. Derartige Klagen sind vielfach berechtigt bei der Undichtigkeit der Werkstattfenster- und -türen. Abhilfe läßt sich nur durch richtige Zuführung von Luft und durch bessere Abdichtung der Unterfenster und Türspalte schaffen. Voraussetzung für eine gute Wirkung der Abluftschächte ist natürlich auch hier ein richtiger Saugkopf. Gerade in Kleinwerkstätten glaubt man häufig mit Rücksicht auf die geringen Mehrkosten darauf verzichten zu können.

Die künstliche Lüftung spielt in Kleinwerkstätten — soweit Normalarbeitsräume in Betracht kommen — keine große Rolle. Sie beschränkt sich meistens auf einzelne absaugende Lüfter. Den Ventilatorkanal muß man möglichst hoch legen, um beim Stillstand des Propellers den Einfall größerer Mengen Kaltluft zu verhüten. Häufig muß man den Lüfter in eine Fensterwand oder unmittelbar in ein Fenster setzen (s. Abb. 83), weil anderweitig kein Platz vorhanden ist. Es ist aber darauf zu achten, daß wenigstens das oder die nahebei liegenden Fensterflügel während des Ventilatorbetriebes geschlossen bleiben. Wenn die Raumverhältnisse es irgend erlauben, empfiehlt es sich, bei derartigen Ventilatoren den Lüftungskanal bis in die Raummitte hinein zu verlängern und dann durch zahlreiche Schlitze im Rohr abzusaugen.

Abb. 83. Schraubenlüfter in einer Kleinwerkstatt.

Eine Belüftungs- oder Drucklüftungsanlage ist in den meisten Fällen vorzuziehen; sie ist aber im Winter gewöhnlich nur dann brauchbar, wenn die eingedrückte Zuluft irgendwie erwärmt wird. Am zweckmäßigsten ist es, sich die Erfahrungen einer bewährten Lüftungsfirma, welche Einzellüftungsapparate herstellt, zunutze zu machen. Eine gute Wirkung erzielt man dadurch, daß die eingeblasene warme Frischluft mit Hilfe einer Absaugungsanlage in eine bestimmte Richtung gezogen wird; erst dann läßt sich ein Raum mit einiger Sicherheit auch bis in seine toten Winkel und Ecken hinein gut durchspülen. Ohne besondere Absaugungsanlage findet die eingedrückte Luft zwar auch Austrittsmöglichkeiten, oft aber recht unerwünschte, z. B. durch Fenster und Türen in unmittelbarer Nähe der Einblasestelle.

In manchen Fällen kann man auf Luftheizapparate verzichten, wenn durch entsprechende Anlage des Drucklüfters eine Belästigung der arbeitenden Personen unterbunden wird, z. B. wenn die Luft durch einen Vorraum eingedrückt wird, oder wenn sie — in warmen Räumen — so geführt wird, daß sie zunächst an der Decke entlang strömt und hier hinreichend erwärmt wird, bevor sie in den Atembereich gelangt. Notwendig ist allerdings eine ausreichende Raumhöhe und eine gute Verteilung der Luft. Letztere erreicht man z. B. dadurch, daß man die Luft aus einem Rohr mit zahlreichen kleinen Öffnungen ausströmen läßt. Vor die Öffnungen kann man, wenn erforderlich, Prallflächen, Leitbleche oder Luftverteiler nach Art der auf S. 37ff. geschilderten setzen.

Bei der Bestimmung der für eine Werkstatt in Betracht kommenden Höchstbelegung an Personen hat man sich daran gewöhnt, einen gewissen Mindestraumgehalt pro Kopf zugrunde zu legen. So gilt in der Regel ein Luftraum von 12—15 cbm je Kopf als die unterste Grenze des Zulässigen. In den seltensten Fällen wird dabei berücksichtigt, daß man gar nicht für alle Räume gleichmäßig festlegen kann, welcher Rauminhalt auf die Person fallen muß. Dieser ist abhängig von dem Luftwechsel, der ohne Belästigung der Insassen in der Stunde erzielt werden kann. Es wäre z. B. falsch, einen Werkstattraum, in dem nur 8—10 cbm Luftraum auf die einzelne Person entfallen, als zu stark belegt zu bezeichnen, wenn er eine ausgezeichnete Lüftungsanlage mit vielleicht 5fachem Luftwechsel in der Stunde aufweist. Das verfügbare Luftvolumen wären hier 40—50 cbm je Kopf und Stunde, also ein reichliches Maß. Andererseits können 15 cbm Luftraum auf den Kopf der Belegschaft unter Umständen unzureichend sein, wenn es sich um Räume mit wenig Fensterfläche, ohne Kippflügel, evtl. noch mit Doppelfenstern handelt und bei denen der Fußboden unter dem umgebenden Erdreich liegt. Derartige Räume sind gerade bei kleineren Betrieben noch sehr zahlreich anzutreffen. Man kann in ihnen, da nach den praktischen Erfahrungen mit einem ständigen Öffnen der Fenster im Winter nicht zu rechnen ist, gewöhnlich nicht mehr als einen einfachen Luftwechsel in der Stunde, bisweilen noch weniger, voraussetzen. Legt man einen Luftbedarf von 30 cbm je Kopf und Stunde zugrunde, so bedingt das einen Rauminhalt von wenigstens 30 cbm auf den Kopf der Belegschaft. Durch Einlegen von Lüftungspausen werden die Verhältnisse zwar etwas günstiger, aber nicht befriedigend, vor allem schon deshalb nicht, weil solche Pausen selten häufig genug eingelegt werden. Daher ist es unbedingt notwendig, zunächst einmal genau die Lüftungsmöglichkeiten und den erreichbaren stündlichen Luftwechsel in einem Raum zu untersuchen, bevor man daran geht, Mindestgrenzen hinsichtlich des auf die Person entfallenden Luftraumes festzusetzen.

d) Großwerkstätten und Hallen.

Bei der Belüftung großer Arbeitsräume muß man einen Unterschied machen, ob es sich um hohe Räume mit mäßiger Besetzung oder um verhältnismäßig niedrige mit starker Belegung handelt. In ersteren ist der auf die Person entfallende Luftraum meistens reichlich. Durch natürlichen Luftauftrieb, der durch die Höhe der Räume begünstigt wird, läßt sich gewöhnlich ein genügender Luftwechsel erzielen. Vielfach enthalten diese Räume im Oberlicht zahlreiche Öffnungen oder sie tragen Dachreiter, welche für die Abführung der verbrauchten Luft sorgen. Auch Luftschächte mit Saugköpfen sind zur Entlüftung solcher Räume geeignet. Durch Türen, Fenster und Öffnungen im unteren Teil stehen die Räume ständig mit der Außenluft in Verbindung, so daß von hier meistens ein genügender, ungehinderter Zufluß an Frischluft stattfindet. Gelegentlich treten Schwierigkeiten auf infolge Zugwirkungen an Türen und Fenstern. Sie wirken sich aber nicht so ungünstig aus, weil die Arbeiter selten gezwungen sind, ihren Arbeitsplatz unbedingt für längere

Abb. 84. Luftheizung in einer Montagehalle.

Zeit in die Nähe der Türen und Fenster zu legen. Hier und da gibt es in großen Räumen bei an sich ausreichender, natürlicher Lüftung Stellen, die vom Luftstrom nicht genügend oder gar nicht erfaßt werden. Die verbrauchte Luft staut sich hier an. Um sie zu entfernen, baut man in den Ecken der Hallen, unter Galerien oder Zwischendächern, absaugende Ventilatoren ein. Das Zuführen vorgewärmter Frischluft ist, wenn man diese nicht gleichzeitig zur Raumheizung verwenden will, in der Regel nicht nötig. Es sei jedoch hervorgehoben, daß man gelegentlich, besonders bei stärkerer Besetzung, auch mechanische Großlüftungsanlagen in solchen Hallen antrifft, meist verbunden mit Luftheizung (Abb. 84). An Stelle von Oberlichtöffnungen und Dachreitern verwendet man bisweilen auch absaugende Ventilatoren, welche man in die Laternen der Dachkonstruktion einbaut (s. Abb. 85). Eine völlig saubere Atemluft läßt sich in großen Fabrik- und Montagehallen schwer erzielen, wenn Feuerstellen vorhanden sind und Staub, Rauch und Ruß verursachende Arbeiten vorgenommen werden. Man kann daher in vielen Fällen darauf verzichten, hier besonders vorbehandelte Luft einzudrücken. Man muß dann nur darauf achten, daß die einströmende Frischluft nicht ungesunde oder gar giftige Beimengungen enthält.

Anders verhält es sich jedoch in niedrigen Räumen mit starker Besetzung. Bei Fließ- und Bandarbeit, bei Sortierarbeiten u. ä. sitzen oder stehen die arbeitenden Personen bisweilen so dicht nebeneinander, daß sich rasch eine unangenehme, verbrauchte Luft bildet, besonders in den Übergangsjahreszeiten und im Sommer, weil die durch den Temperaturunterschied geförderte Selbstlüftung dann nur schwach wirksam ist. Eine übermäßige Anhäufung von Menschen in einzelnen Arbeitsräumen ist nicht nur aus feuerpolizeilichen, sondern auch aus allgemein - hygienischen Gründen unerwünscht. Bei guter Auftriebslüftung dürften in großen Fabrikräumen normaler Bauart 12 cbm Luftraum auf die Person die unterste Grenze des Zulässigen darstellen unter der Voraussetzung, daß keine nennenswerten Feuerstellen oder sonst keine Hitze erzeugenden Apparate vorhanden sind. Bei Raumtemperaturen über 20° muß man einen größeren Luftraum auf die Person vorsehen. Fabrikräume unter 3 m Höhe sollten als Werkstätten nicht mehr zugelassen werden.

Abb. 85. Absaugende Ventilatoren in den Dachreitern.

Seitenfenster werden in der Regel nur ungern geöffnet, weil unter der großen Zahl der Gefolgschaftsmitglieder immer einzelne, besonders zugempfindliche Personen (namentlich Frauen) vorhanden sind. Der menschliche Körper gewöhnt sich in der Regel sehr schnell an den Geruch der schlechten Luft, so daß er ihn nach kurzer Zeit gar nicht mehr empfindet. Daraus erklärt sich die Abneigung vieler Menschen gegen die Zuführung frischer Luft. Man muß versuchen, die Fenster so einzurichten, daß ein ständiger Luftwechsel auch ohne nennenswerte Belästigungen der Insassen stattfindet, z. B. durch Anordnung der bekannten Kippflügel im oberen Fensterdrittel mit bequemer Stellmöglichkeit von der Erde aus, oder durch Öffnen gegenüberliegender Fenster, die über Kopfhöhe liegen. Vor allem halte man die Raumtemperatur im Winter nicht zu niedrig, bei sitzender Tätigkeit möglichst nicht unter 18°, um stets eine gewisse Reserve für den Luftwechsel zu haben. Den erforderlichen Durchzug erreicht man häufig auch durch ein Zusammenwirken von Fenster- und Deckenöffnungen. Wo eine Dauerlüftung auf natürlichem Wege ohne Belästigungen nicht möglich ist, bleibt als Behelfsmittel die Einlegung von Lüftungspausen. Der Erfolg ist immerhin bei mangelndem Verständnis der Gefolgschaft oft zweifelhaft.

Recht ungünstig liegen die Verhältnisse vielfach in Räumen mit großer Breite. Türen und Fenster lassen hier nur in einem Teile des Raumes eine richtige Durchspülung mit Frischluft zu. In die Mitte oder in abgelegene Ecken kommt der Luftstrom kaum hin. Aus Sparsamkeitsgründen sucht man sich meistens ohne mechanische Lüftung so gut es geht zu behelfen; das Ergebnis ist jedoch selten befriedigend. Geradezu unerträglich wird es oft in Räumen, in denen sich neben erheblicher Wärme auch größere Mengen Feuchtigkeit bilden. Die Grenzen für eine natürliche Lüftung sind hier bald erreicht. Die beim Einbau einer kraftbetriebenen Lüftungsanlage auftretende praktische Frage dreht sich meistens nicht so sehr um die technisch beste und wirksamste Anlage, sondern darum, mit möglichst geringen Mitteln eine Anlage zu schaffen, welche gerade noch die Mindestforderungen erfüllt. Das führt oft zu nicht glücklichen Kompromißlösungen. So entstehen dann jene unzulänglichen, von unerfahrenen Handwerkern oder Arbeitern des eigenen Betriebes zusammengebauten Anlagen, die entweder in ihrer Wirkung hinter dem Mindestmaß des Erforderlichen zurückbleiben oder nach kurzer Zeit stillgesetzt werden, weil sie nicht einwandfrei arbeiten, Belästigungen verursachen oder im Betrieb zu teuer sind. Wenn tatsächlich im Augenblick keine hinreichenden Mittel zur Beschaffung einer allen Anforderungen genügenden Lüftungsanlage vorhanden sind und sofortige Abhilfe nicht unbedingt geboten erscheint, ist es oft zweckmäßiger, die Frist für die Erstellung der Anlage zu verlängern als sich mit Halbheiten zunächst zufriedenzugeben. Für eine Übergangszeit kann man sich unter Umständen mit anderen Maßnahmen behelfen, z. B. mit verbesserter natürlicher Lüftung, Einrichtung von Lüftungspausen, Herabsetzung der Personenzahl in den betreffenden Räumen, vorübergehender Änderung des Fabrikationsverfahrens, der Betriebsorganisation usw.

Die Entscheidung der oft aufgeworfenen Frage, ob man bei der Lüftung von Großräumen Zentralanlagen mit mechanischer Luftzu- und Abführung durch Rohrleitungen oder Einzellüfter verwenden soll, ist von verschiedenen Umständen abhängig. Zunächst sind die verfügbaren Mittel zu berücksichtigen. — Eine Zentralanlage ist gewöhnlich teurer als Einzellüfter. — Ferner spielen die Art der Fabrikation, der Luftbedarf, die Belegung des Raumes, seine Lage und die Dauer seiner Benutzung eine Rolle. Man muß eingehende Untersuchungen über die voraussichtlichen Strömungswege der Luft anstellen unter Berücksichtigung der Einflüsse von Türen und Fenstern, des Windanfalles, der Temperaturunterschiede gegenüber anderen Räumen und der Außenluft u. ä. Ferner sind Zahl, Lage und Stärke der Absaugungsstellen von Bedeutung. Schließlich ist es wichtig, ob für eine verwickelte Anlage auch die richtige Wartung gesichert ist. Man erkennt daraus, daß die Wahl der richtigen Lüftungsart eine Reihe sorgfältiger Überlegungen unter Hinzuziehung erster Fachleute notwendig macht.

Tritt in einem Raume stärkere Wärmeentwicklung auf, so kann man häufig dadurch Milderung schaffen, daß man kühle Luft von oben einführt und die verbrauchte unten absaugt. Der ständige Zustrom von Kaltluft hält die Temperatur auf erträglicher Höhe. Auf ihrem Wege nach unten in den Atembereich der Menschen hat sich die kühle Luft bereits soweit erwärmt, daß sie nicht mehr belästigend wirken kann. Voraussetzung ist allerdings eine gute und schnelle Durchmischung der eingeführten Kaltluft mit der Raumluft, damit ein rasches Absinken zusammenhängender Kaltluftmassen vermieden wird. Das gilt um so mehr, je niedriger die Räume sind. Die gewünschte Wirkung läßt sich z. B. erreichen, wenn man die Frischluft mit hoher Geschwindigkeit parallel zur Decke an der längeren Raumseite durch mehrere düsenförmige Öffnungen einbläst. Man kann die kalte Luft auch aus einer sich über die ganze Raumlänge erstreckenden Rohrleitung durch zahlreiche kleine Öffnungen gut verteilt einführen. Eine Lüftung von unten nach oben mit Einführung vorgewärmter Luft verwendet man mit Vorliebe in kalten Räumen. Bei stärkerer Staubentwicklung durch den Arbeitsvorgang ist sie jedoch bedenklich, weil man auf diese Weise den Staub an die Atmungsorgane führt.

Die bereits früher behandelten, von vielen Firmen angepriesenen Einzellufterhitzer, welche an sich eine billige und den praktischen Bedürfnissen leicht anzupassende Art der Raumlüftung darstellen, eignen sich, soweit sie dem Luftwechsel dienen sollen, nicht für jeden größeren Arbeitsraum. In ihrer Wirkung sind sie Einzellüftern ähnlich, nur daß die Zuluft geheizt und evtl. gefiltert werden kann. Wenigen großen Apparaten sind in der Regel mehrere kleine vorzuziehen. Der in näherer Umgebung der Apparate meist zu starke Luftstrom verebbt in weiterer Entfernung recht schnell. In großen Räumen ist also nur bis zu einer gewissen Entfernung von diesen Apparaten mit Sicherheit ein ausreichender Zustrom frischer Luft vorhanden, während andere Stellen, z. B. die Mitte des Raumes oft einen ungenügenden Luftwechsel aufweisen. Diese Nachteile lassen sich weitgehend vermeiden durch eine Neukonstruktion (DRP.) der Firma Anemostat und Wetterfertiger, Köln. Hier wird der Lufterhitzer unmittelbar mit einem Luftverteiler (Anemostaten) verbunden, so daß selbst große Luftmengen zugluftfrei von oben durch die Decke in angewärmtem Zustande in der Mitte des Raumes eingedrückt werden können. Die Schwierigkeiten, mittels Einzellufterhitzer alle Teile eines Raumes zu erfassen und zu durchspülen, steigern sich, je breiter und unübersichtlicher ein Raum und je weniger Sorgfalt der Luft*abführung* gewidmet wird. Würde man hier so viele Apparate mit entsprechendem Zubehör einbauen, wie für eine einwandfreie Lüftung nötig wären, so dürften die

Kosten in vielen Fällen kaum niedriger, unter Umständen noch höher werden als bei einer zentralen Lüftung mit Rohrleitungen. Diese weist dabei noch den Vorteil einer besseren Prüfbarkeit der Luftzuführung auf und verursacht bei richtiger Anlage weniger Belästigungen als Einzellüftungsapparate. Letztere wiederum können da von Vorteil sein, wo es sich um die Lüftung nicht zu großer Räume oder um die zusätzliche Lüftung einzelner Räume oder Raumteile handelt oder wo die Luftheizung im Vordergrunde steht.

In Räumen mit Holzbearbeitungs-, Schleif- und anderen Maschinen, welche eine Absaugungsanlage bedingen, ist häufig eine Luftheizung mit stärkerer Frischluftzuführung von Vorteil. Diese ersetzt die an den Maschinen abgesaugten Luftmengen selbsttätig durch reine und richtig angewärmte Luft. Lästige Zugerscheinungen an Fenstern und Türen werden dadurch weitgehend unterbunden (vgl. Abb. 62). Die Verlegung der Rohrleitungen muß möglichst einfach, geradlinig und leicht zugänglich vorgenommen werden, besonders bei den Zuluftleitungen. Einmündungen und Abzweigungen müssen in solchen Winkeln angelegt werden, daß strömungstechnisch der geringste Widerstand entsteht. Zahlreiche Krümmungen, oft verbunden mit schwieriger Befestigung der Rohrleitungen, verursachen leicht Störungen, die sich mit zunehmendem Alter der Anlage häufen und gar bald zur Nichtbenutzung führen.

Die Luftaustrittsstellen der Zuluft verlegt man entweder unmittelbar in die Rohrleitung oder schließt sie mit ganz kurzer Verbindung an. Verwendet man Luftverteiler irgendwelcher Art, so richtet sich die Anzahl der Verteilungsstellen nach dem Wirkungsbereich der einzelnen Verteiler.

In Arbeitsräumen, die ein bestimmtes Klima erfordern, in denen also Temperatur und Luftfeuchtigkeit mehr oder minder konstant bleiben müssen, z. B. in Betrieben der Tabakverarbeitung oder in der Textilindustrie, sind einfache Lüftungsanlagen meistens ungeeignet. Allenfalls lassen sie sich noch mit Unterstützung durch Druckluft- oder Druckwasserzerstäuber zur Erzielung der nötigen Feuchtigkeit verwenden. Das erfordert aber eine beständige Beobachtung des Klimas mittels zahlreicher Instrumente und eine dementsprechende Einstellung der Lüftungsanlage. Eine so gewissenhafte Wartung ist nicht immer gewährleistet, im übrigen auch mit erheblichen Kosten verbunden. Um von allen menschlichen Fehlerquellen und Unzulänglichkeiten frei zu sein, empfiehlt es sich, in solchen Fällen eine vollautomatische Klimaanlage einzubauen, wie sie z. B. auf S. 49ff. geschildert wurde.

In fensterlosen Räumen mit mäßiger Höhe (z. B. in Filmfabriken) läßt sich oft mit Erfolg eine Lüftung durch düsenförmige Öffnungen anwenden, wobei die Luft mit großer Geschwindigkeit in Deckennähe über die ganze Raumbreite geblasen wird. Zwecks besserer Regulierung kann man die Düsen noch mit verstellbarer Zunge versehen. Geschwindigkeit und Stromrichtung der Zuluft, Zahl und Lage der Absaugestellen der verbrauchten Luft müssen gut gegeneinander abgestimmt werden, um keine toten Ecken zu bekommen. Es ist davon abzuraten, etwaige Zugerscheinungen durch Verhängen der Luftaustrittsöffnungen mittels Stoffteilen oder durch Verwendung von Luftsäcken beheben zu wollen. Man verringert dadurch nur die Leistung erheblich und schafft völlig veränderte Voraussetzungen.

Bei kraftbetriebener Lüftung der Großwerkstätten arbeitet man im Winter in der Regel mit Umluft und einem Teil Frischluft, wie es ähnlich bereits bei der Behandlung anderer Arbeitsräume beschrieben wurde. Der Luftkreislauf läßt sich häufig so einrichten, daß man die Zuluftventilatoren gleichzeitig zum Rücksaugen der Luft benutzt. Der Frischluftzusatz beträgt je nach Bedarf und nach der Außentemperatur etwa 20—35%. Der stündliche Luftwechsel, welcher ohne künstliche Lüftung in Fabrikräumen selten über das 2fache hinauskommt, läßt sich bei Anwendung einer mechanischen Lüftung leicht bis auf das 5- und 6fache steigern. Darüber hinauszugehen ist für Normalarbeitsräume nicht zu empfehlen, da dann nicht nur die Betriebskosten stark ansteigen, sondern auch die Schwierigkeiten, die Luft gleichmäßig zu verteilen und Belästigungen zu vermeiden. Trotzdem gibt es natürlich Fälle, bei denen diese Gesichtspunkte zurücktreten müssen gegenüber anderen Erfordernissen. In Räumen z. B., in denen sich Dünste brennbarer Flüssigkeiten (Benzin, Benzol, Äther u. ä.) ansammeln können, ist unter Umständen ein 8—12facher, vereinzelt sogar ein 20—30facher Luftwechsel erforderlich, um die Bildung explosibler Dampf-Luftgemische zu verhindern.

e) Sonstige Arbeitsräume.

Außer den bisher behandelten Arbeitsräumen gibt es noch einige besondere Arbeits- und Aufenthaltsräume, die zwar zum Teil nicht mehr als Normalarbeitsräume im strengen Sinne anzusehen sind, bei denen die Lüftungsfrage aber doch von erheblicher Bedeutung ist. Als erste wären die gewerblichen Küchenräume zu nennen. Die eigentlichen Herdküchen oder Dampfküchen, in denen Wrasendünste und vor allem große Wärmemengen auftreten, seien hier ausgeschlossen, da bei ihnen von einem „Normalarbeitsraume" offensichtlich keine Rede mehr sein kann. Die Nebenräume jedoch, wie Geschirrwasch-, Gemüseputz-, Vorratsräume, Kaffeeküchen u. ä. seien kurz einer näheren Betrachtung unterzogen. Da sie gewöhnlich in umnittelbarer Nachbarschaft zu den eigentlichen Kochräumen liegen, finden sich auch in ihnen zu einem Teil die üblichen Küchendünste, vermischt mit denjenigen der zubereiteten Speisen und Abfälle. Die an sich bequemste Lüftungsart, nämlich das Öffnen der Fenster, läßt sich vielfach nicht in dem gewünschten Umfange durchführen. Im Winter z. B. zwingt die kalte Außenluft meistens dazu, wenigstens die Unterfenster geschlossen zu halten. Die Oberfenster allein reichen für den erforderlichen Luftwechsel häufig nicht aus. Vielfach ist das Öffnen der Fenster überhaupt unerwünscht mit Rücksicht auf die Nachbarschaft. Man ist dann auf mechanische Lüftung angewiesen, und zwar muß man einen geringen Unterdruck zu erhalten suchen, welcher eine Ausbreitung der Gerüche auf die Umgebung verhindert. Am einfachsten läßt sich dieser Zustand herbeiführen durch kräftige Absaugung in einen über Dach ausmündenden Luftschacht. Da der Luftwechsel auch in den zur Küche gehörenden Nebenräumen ziemlich hoch sein muß — etwa 6 bis 10 mal in der Stunde — entsteht für das Personal leicht Zugbelästigung durch die einströmende Zuluft, besonders im Winter. Es empfiehlt sich daher meistens, auch Luft (im Winter etwas vorgewärmt) einzudrücken. Dampf, warmes Wasser, Abgase oder andere Wärmequellen stehen gewöhnlich zur Verfügung. Man muß nur darauf achten, daß die Menge der geförderten Zuluft diejenige der Abluft unterschreitet, da sonst ein unerwünschter Überdruck im Raume entsteht, der unangenehme Gerüche auf die Nachbarschaft überträgt. Ferner muß man Zugluftbelästigungen vermeiden, am besten durch Verwendung geeigneter Luftverteiler.

Abb. 86. Entlüftung in einem Gemüseputzraum.

Vielfach findet man Küchen in Kellerräumen. Hier ist eine mechanische Be- und Entlüftung gewöhnlich unentbehrlich, leider jedoch in vielen Fällen noch nicht vorhanden. Es kommt bei der Küchenlüftung darauf an, möglichst einfache, aber wirksame Lüftungseinrichtungen zu verwenden, die ohne Schwierigkeiten auch von weniger kundigen Personen bedient werden können, rauhe Behandlung vertragen und nicht übermäßig teuer im Betrieb sind (vgl. Abb. 86 und 87).

Ferner verlohnt es sich, auch der Gaststättenlüftung einige Worte zu widmen; handelt es sich doch hier um die Arbeitsräume der Kellner, Büffet- und Serviermädchen und anderer beschäftigter Personen. In kaum einem Gewerbe ist die Lüftung so häufig unsachgemäß angefaßt worden wie hier. Das liegt weniger an einem Mangel an technischen Einrichtungen — sie sind zu beschaffen —, als vielmehr an dem oft geringen Interesse der Gaststätteninhaber und an der vielfach unzureichenden Sachkunde der mit dem Einbau von Lüftungseinrichtungen betrauten Unternehmer. Es ist hinlänglich bekannt, was für eine Atmosphäre sich nach kurzer Zeit in einer nur einigermaßen besetzten Gast- und Vergnügungsstätte bildet. Sieht man von den Besuchern ab, deren freier Wille es meistens ist, sich in solchen „Dunstkisten“ niederzulassen, so sind doch die beschäftigten Gefolgschaftsmitglieder gezwungen, ihren Dienst tagaus, tagein hier zu verrichten. Im gesundheitlichen Interesse dieser

Personen liegt es also zunächst einmal, eine erträgliche Atemluft zu schaffen.

Die Hauptverunreinigungen der Gaststättenluft sind Staub, Tabakrauch und Speisendünste. Daraus erklärt sich schon, daß ein häufiger Luftwechsel hier stattfinden muß. Staub verschiedenster Art wird täglich durch den ständigen Verkehr der Gäste in erheblichen Mengen hineingetragen (Schuhzeug) und aufgewirbelt. Daneben entsteht durch den Gaststättenbetrieb selbst in reichem Maße Staub, hauptsächlich organischer Natur. Die Entwickelung von Tabaksrauch ist unvermeidlich und nimmt zu mit wachsender Gästezahl, also wenn die Luft ohnehin schon durch andere Einflüsse reichlich verschlechtert wird. Die Speisengerüche sind ebenfalls typisch für jede Gaststätte. Oft werden sie noch verstärkt durch die Dünste schlecht entlüfteter Küchen und Toiletten. Mit natürlichem Luftauftrieb, z. B. durch Öffnen von Fenstern, läßt sich meistens nur ein unvollkommener Luftwechsel schaffen, ganz abgesehen davon, daß die Fenster, besonders abends, mit Rücksicht auf die Gäste gar nicht in nennenswertem Umfange geöffnet werden können. Soweit eine mechanische Lüftung vorgesehen wird, begnügt man sich häufig mit einem gewöhnlichen, absaugenden Schraubenventilator, welcher über der Tür oder in einem Fenster sitzt. Es entstehen dann alle Nachteile, die bei früheren Gelegenheiten bereits erwähnt wurden: Zugbelästigungen an Fenstern und Türen, Eindringen von Straßenstaub und schlechter Luft aus Nebenräumen (Küchen, Abort) usw. Ein derartiger Ventilator kann praktisch meistens nur für kurze Zeit laufen, weil sonst Beschwerden der Gäste laut werden, namentlich in stark gefüllten Räumen, in denen ein kräftiger Luftwechsel besonders not täte. Die Beseitigung des Tabakrauches gelingt mit einem einfachen Sauglüfter nur unvollkommen, da die Luft nicht Träger des Rauches ist, sondern dieser neben der Luft als ein Dampf vorhanden ist. Die durch die Raumundichtigkeiten eintretende Kaltluft kondensiert den Tabaksrauch, so daß er sich vor allem in der Nähe der Eintrittsstellen der Luft,

Abb. 87.
Fliehkraftlüfter in einer Abwaschküche.

also z. B. in den Gardinen, Möbeln, Tapeten usw. niederschlägt. Er bleibt unter Umständen tagelang haften und verdunstet, sobald diese Gegenstände wieder hinreichend erwärmt werden (kalter Hecht). Es ist sehr schwierig, Tabaksdünste schnell und wirksam zu entfernen. Versuche mit Ozon haben kein befriedigendes Ergebnis gehabt. Nur bei mäßiger Konzentration kann man mit einem gewissen Erfolge rechnen. Am besten hat sich noch das Einblasen von warmer Luft mit großer Geschwindigkeit über Kopfhöhe bewährt. Der starke, warme Luftstrom reißt den Rauch rein mechanisch durch seine lebendige Kraft mit fort zur Absaugungsstelle hin, ohne daß er sich erst verdichten kann. Geringe Luftgeschwindigkeiten helfen hier nicht.

Abb. 88. „Jajag"-Gaststättenlüfter (Schraubenlüfter).

Die wichtigsten Forderungen, welche man an eine sachgemäße, mechanische Gaststättenlüftung stellen muß, sind: Zuführung sauberer, evtl. gefilterter und im Winter angewärmter Frischluft, Förderung genügend großer Luftmengen, Vermeidung von Zugluft, einfachste Bedienung der Anlage, gute und häufige Reinigung der Kanäle und der bewegten Teile, geringes Geräusch der Lüfter, Schaffung eines mäßigen Unterdrucks im Raum. Es ist zweckmäßig, den Abluftkanal so anzulegen, daß er auch ohne Betrieb des Lüfters durch natürlichen Auftrieb wirksam bleibt, wenn auch in geringerem Umfange.

Abb. 89. „Jajag"-Lüfter mit Luftvorwärmung (Fliehkraftlüfter).

Soweit irgend angängig, empfiehlt sich für Gaststätten die Anbringung von leicht bedienbaren Einzellüftern (Abb. 88, 89), die gleich mit einer Heizeinrichtung verbunden sind und denen möglichst ein Filter (Wasser oder Öl) vorgeschaltet ist, falls saubere Luft aus dem Freien nicht zu erhalten ist. Von größter Bedeutung für die Wirksamkeit der Lüftungseinrichtungen ist ihre Aufstellung am richtigen Platz. Wie bei anderen Räumen muß man auch hier sorgfältig den voraussichtlichen Weg der Luftströmung unter Berücksichtigung möglicher Störungen durchdenken. In Fenstern

Abb. 90. Luftzuführung mittels Luftverteiler am Beleuchtungskörper.

Abb. 91. Zu- und Abluftöffnungen in der Decke.

und über den Eingangstüren ist der Zuluftventilator meistens nicht gerade günstig untergebracht. Eine zentrale Lüftungsanlage mit Zuluftkanälen ist an sich durchaus brauchbar; sie kann aber in der Regel nur in großen Räumen und da, wo eine Gewähr für sachgemäße Bedienung der Anlage vorhanden ist, mit Erfolg verwendet werden[1] (Abb. 90 u. 91).

Schließlich soll noch kurz auf die Lüftung von Aufenthalts-, Garderoben- und Speiseräumen in Fabrik- und Handelsbetrieben eingegangen werden. Wenn es sich hierbei auch nicht um Arbeitsräume im eigentlichen Sinne des Wortes handelt, so sind diese Räume doch heute ein nicht mehr fortzudenkender Bestandteil jedes ordnungsgemäß geführten Betriebes. Sie dienen der Erholung und Bequemlichkeit der Gefolgschaft. Schon

Abb. 92. Mechanische Lüftung in einem Speiseraum. (Zuluft links — Abluft rechts.)

aus dieser Zweckbestimmung heraus sollte man ganz besonders auf ihre einwandfreie hygienische Beschaffenheit achten. Trotz erfreulicher Fortschritte in den letzten Jahren findet man leider immer noch recht häufig, daß für Erholungszwecke Räume bereit gestellt werden, welche für den Betrieb nicht mehr recht brauchbar oder ungünstig gelegen sind. Es ist zu hoffen, daß dank der Aufklärungsarbeit aller berufenen Stellen, insbesondere der Gewerbeaufsichtsbeamten und der Arbeitsfront, hier bald ein Wandel eintritt. Gerade die Räume, in denen die Angestellten und Arbeiter eines Betriebes ihre Freizeit verbringen, in denen sie sich also für die Fortsetzung der Arbeit stärken sollen, muß man mit allen Mitteln neuzeitlicher Hygiene ausstatten. Das kommt mittelbar dem Unternehmer wieder zugute. Denn von ermüdeten und unlustigen Gefolgschaftsmitgliedern kann er keine besonderen Leistungen erwarten. Bei großen und hohen Aufenthaltsräumen mit mehreren einander gegenüberliegenden Fenstern und Luftklappen an der Decke kann man von künstlicher Lüftung unter Umständen

[1] Näheres über die Lüftung in Gast- und Vergnügungsstätten s. Aufsatz des Verfassers im Reichsarb.bl. **1936**, Nr 29, III 251.

absehen. Wo sie notwendig ist, darf man sich nicht damit begnügen, die größten Übelstände durch einfache Absaugungsventilatoren beheben zu wollen. Die Nachteile dieser Einrichtungen sind bereits hinreichend hervorgehoben worden, um diese Lösung von vornherein als unzulänglich zu verwerfen. Es muß eine zugluftfreie und ausreichend bemessene Belüftung mit der Möglichkeit warmer Luftzuführung und eine Entlüftung vorhanden sein (Abb. 92).

3. Die Lüftungsanlage im Brandfalle.

Bisher zwar wenig erörtert, praktisch aber wichtig erscheint die Frage: Welche Gefahren bringt die mechanische Lüftung im Brandfalle mit sich? Hierbei sei vor allem an große Waren- und Bürohäuser gedacht. Da die Lüftungsanlagen gewöhnlich im Keller oder auf dem Boden des Gebäudes in abgeschlossenen Räumen untergebracht sind, ist schwerlich damit zu rechnen, daß man bei der allgemeinen Aufregung, die ein Brand verursacht, ohne besondere Veranlassung sofort an die Ausschaltung der Lüftungsanlage denkt, besonders dann nicht, wenn sie so eingebaut ist, daß man sie kaum gewahr wird. Stellt man die Frischluftzufuhr nicht ab, so wird das Feuer nur noch weiter entfacht. Um das zu verhindern, muß die Abschaltung der Anlage unter allen Umständen sichergestellt sein. Das kann einmal automatisch geschehen. Dazu bedarf es aber der Aufstellung von Fühlinstrumenten in jedem belüfteten Raume; in größeren Räumen sind sogar mehrere Instrumente notwendig. Das verteuert die Anlage sehr und wird für diesen einen Zweck in der Regel als unwirtschaftlich angesehen.

Eine andere Möglichkeit besteht darin, daß für jeden Raum oder jede Raumgruppe eine verantwortliche Person damit beauftragt wird, im geeigneten Augenblick die Anlage abzuschalten. In Warenhäusern könnte z. B. einer der ständigen Brandposten oder Feuerwehrleute hierfür ausersehen werden.

Die Kanäle und Rohrleitungen der Lüftungsanlage erleichtern ein Übergreifen des Feuers und der Rauchgase von einem zum andern Raum. Es ist daher notwendig einmal alle Wandöffnungen, welche zum Durchführen der Lüftungskanäle dienen, sorgfältig abzudichten und ferner, in bestimmten Abständen rauchdichte Schieber oder Klappen einzubauen, welche beim Abschalten der Luftzufuhr automatisch oder durch eine dafür verantwortliche Person geschlossen werden.

Weiterhin muß man vermeiden, mehr als zwei Stockwerke an eine Zu- und Abluftleitung anzuschließen, um einer schnellen Verbreitung des Feuers durch die Lüftungsanlage über sämtliche Stockwerke von vornherein einen Riegel vorzuschieben.

Bisweilen baut man die Lüftungsanlage auch so, daß die Zuführung der Luft für sich abstellbar ist, während die Absaugung weiter arbeitet. Die abgesaugte Luft wird dann aber nicht in die Aufbereitungsanlage, wie beim Umluftbetrieb, sondern unmittelbar ins Freie geführt. Es liegt nahe, diese Absaugungsanlage auch zur Abführung des Qualms in einem brennenden Raume zu benutzen. Davon ist aber im allgemeinen abzuraten. Die Absaugung des Qualms soll erst dann einsetzen, wenn die Flammen selbst gelöscht sind

III. Die wirtschaftliche Bedeutung einwandfreier Lüftung.

Die Lüftung von Arbeitsräumen ist zwar in erster Linie ein hygienisches Gebot; sie hat daneben aber auch eine erhebliche wirtschaftliche Bedeutung. Zunächst ist der Einbau von Lüftungsanlagen mit Kosten verbunden, die in erster Linie der Betriebsunternehmer aufzubringen hat. Diese Kosten stellen eine wirtschaftliche Belastung dar, die ihm meistens nur auf der Passivseite seiner Buchführung zahlenmäßig bewußt wird. Zusätzliche Einrichtungen für Auftriebslüftung oder einfache Lüfter sind gewöhnlich billig im Verhältnis zu den sonstigen Betriebsanlagen. Trotzdem wird auf sie oft verzichtet, weil sie fälschlicherweise für entbehrlich gehalten werden, besonders dann, wenn der Preis eines Bauvorhabens ohnehin stark gedrückt worden ist. Kraftbetriebene Lüftungsanlagen mit vollständiger Luftvorbehandlung und einem umfangreichen Kanal- oder Leitungsnetz sind ziemlich teuer. In großen Betrieben gehen sie leicht in die Hunderttausende von RM. In Bürohäusern z. B. kann man für Abschreibung, Verzinsung und Betriebskosten derartiger Anlagen etwa 1—2% der gesamten Gehaltssumme der Angestellten rechnen[1].

Es ist abwegig, die wirtschaftliche Belastung durch eine Lüftungsanlage nur nach den Herstellungskosten zu beurteilen. Die Betriebs- und Unterhaltungskosten müssen außerdem stets mit herangezogen werden, denn auch sie stellen meistens eine beachtliche Größe dar. Im Voranschlag der Betriebskosten muß für sie unter besonderem Konto ein Betrag ausgesetzt werden, da sonst mit einer Stillegung der Lüftungsanlage zu rechnen ist, sobald die Betriebsmittel knapp werden. Bei Ventilatoren z. B. bedingen niedrige Anschaffungskosten oft hohe laufende Ausgaben. Andererseits kann eine an sich teure Anlage durch günstige Ausnutzung der Abwärme von Feuerungen oder sonstiger ohnehin verfügbarer Wärmequellen so niedrige laufende Unkosten verursachen, daß der Mehrpreis für die Anschaffung nach nicht allzu langer Zeit getilgt wird.

Die Aufwendungen für gute Raumlüftung sind nun keineswegs, wie es bisweilen hingestellt wird, weggeworfenes Kapital. Zunächst lebt eine große Anzahl gewerblicher Betriebe mit Tausenden von Gefolgschaftsmitgliedern von dem Bedarf an Lüftungseinrichtungen. Je mehr Aufträge erteilt werden, um so leistungsfähiger werden die ausführenden Betriebe und um so höher entwickelte Erzeugnisse können sie liefern. Mit steigendem Auftragseingang läßt sich häufig eine Preissenkung für das einzelne Stück verbinden.

Darüber hinaus bringen gut gelüftete Arbeitsräume sowohl dem einzelnen Betriebe als auch der Volksgesamtheit wirtschaftlichen Nutzen.

---

[1] Aus Maschinenbau, der Betrieb, Nov. **1935**, 601.

So unterliegt es keinem Zweifel, daß Angestellte oder Arbeiter, welche ständig in gut gelüfteten Räumen tätig sind, arbeitsfreudiger bleiben und daher mehr leisten können als wenn man sie in Räumen mit schlechter Luft unterbringt. Es ist ferner zu erwarten, daß bei guter Raumluft der Prozentsatz der Kranken im Betriebe, insbesondere so weit Erkältungskrankheiten in Betracht kommen, abnimmt, da der Körper weniger ermüdet und widerstandsfähiger bleibt. Auch die Zahl der Unlustigen, welche Krankheit vorschützen, um der Arbeit fern bleiben zu können, wird zurückgehen, wenn diese Menschen sich an ihrer Arbeitsstätte wohlfühlen. Die so erzielte Leistungssteigerung im Betriebe dürfte in vielen Fällen die Ausgaben für Anschaffung und Betrieb der Lüftungsanlage mehr als ausgleichen.

Weitere Ersparnisse entstehen dadurch, daß bei sauberer Luft die Betriebseinrichtungen, die Waren, die Kleidung der Gefolgschaftsmitglieder, Gardinen usw. nicht so schnell verschmutzen. So verringerte z. B. ein Kaufhaus durch den Einbau einer Luftreinigungsanlage die infolge Verschmutzung der Waren und Wäsche entstehenden Unkosten derart, daß nach Abzug der Unterhaltungskosten für die Luftreinigungsanlage noch ein Überschuß verblieb.

Eine Gastwirtschaft, die in den heißen Sommermonaten jahrelang eine Geschäftsschrumpfung um 30% gegenüber dem Jahresmittel aufwies, erfuhr nach dem Einbau einer Luftveredelungsanlage mit Lufttrocknung und -kühlung eine Geschäftszunahme von etwa 30% während des gleichen Zeitabschnittes (Elektro-Ing. **1934**, Nr. 1).

Über produktionsfördernde Auswirkungen von Lüftungsanlagen in Betrieben mit großer Hitzeentwickelung geben die Jahresberichte der bayrischen Gewerbeaufsichtsbeamten einige Zahlen. So brachte z. B. die in nordbayrischen Porzellanfabriken angeordnete Frischluftzuführung, welche an den in der Nähe der Trockenöfen gelegenen Arbeitsplätzen angebracht wurde, in den Sommermonaten Leistungssteigerungen von 15 bis 20% an heißen Tagen und von 10% im gesamten Jahresdurchschnitt.

Für viele Arbeitsvorgänge (z. B. in der Textil-, Tabak-, Papier-, chemischen Industrie u. a.) sind Klimaanlagen mit vollautomatischem Betrieb heute fast unentbehrliche Voraussetzungen zur Herstellung von Qualitätsware. Sie ermöglichen die Einrichtung von Industrien an Orten, die sonst infolge ihres ungünstigen Klimas für die betreffende Fabrikation weniger geeignet wären. Im Winter spart man infolge der Warmluftzuführung die Raumheizung ganz oder teilweise. Im Sommer beseitigt die Luftkühlung eine oft unerträgliche Hitzeentwickelung (z. B. in Spinnsälen oder unter Glasdächern, die von der Sonne bestrahlt werden). Nach amerikanischen Mitteilungen blieb in einigen Betrieben die Arbeitsleistung im Sommer wegen der Hitze durchschnittlich um 14—18% hinter der Winterleistung zurück. Nach dem Einbau einer Klimaanlage ist sie nur noch um 3% gesunken.

Es ist damit zu rechnen, daß gute Raumluft auch auf die Unfallhäufigkeit und die Zahl der durch Unaufmerksamkeit, Ermüdung u. dgl. hervorgerufenen Betriebsstockungen günstig einwirkt und damit die wirtschaftlichen Verluste verringern hilft, welche ein Betrieb durch solche Ereignisse oft erleidet.

Für die Volksgesamtheit entstehen bei Benutzung gut gelüfteter Arbeitsräume dadurch wirtschaftliche Vorteile, daß ein vorzeitiger Kräfteverfall vieler arbeitender Volksgenossen verhindert wird. Die Zahl der Rentenempfänger und damit auch die jährlich von der Allgemeinheit zu tragende Rentenlast sinkt. In gut gelüfteten Arbeitsräumen kann in dringenden Fällen ohne Schaden für die Gesundheit der Gefolgschaft eine längere Arbeitszeit zugelassen werden als in Räumen mit schlechter Atemluft. Dadurch entstehen nicht nur dem einzelnen Arbeiter Vorteile in Form besserer Entlohnung, sondern auch der Gesamtheit in Form von Mehrleistungen. Am deutlichsten zeigt sich das z. B. bei kurzfristigen Exportaufträgen.

Schlußwort.

Die Lüftungstechnik ist in ständiger Fortentwickelung begriffen. Nicht über jede mit großer Reklame herausgebrachte Neuerung liegen hinreichend praktische Erfahrungen vor. Vorsicht in ihrer Anwendung ist daher meist am Platze.

Bei allen Lüftungsanlagen muß man sich darüber klar sein, daß gewisse nachteilige Begleiterscheinungen in der Regel unvermeidbar sind, wenn man überhaupt eine Wirkung erzielen will. Aufgabe des Fachmannes ist es, die Nachteile unter Berücksichtigung der Verhältnisse des Einzelfalles so auszugleichen, daß sie nicht sonderlich in Erscheinung treten.

Im Rahmen dieses Buches ist es nicht möglich, für alle auftretenden Lüftungsfragen praktische Lösungen bereitzuhalten. Dazu ist die Praxis zu vielseitig. Auch auf Einzelheiten technischer Art muß zugunsten der Übersichtlichkeit und aus Raummangel vielfach verzichtet werden. Es wird dafür auf die Spezialliteratur verwiesen. An Hand der gegebenen Richtlinien dürfte es aber möglich sein, für alle praktisch in Betracht kommenden „Normalarbeitsräume" das Wesentliche für eine wirksame Lüftung zu erkennen, um grobe Entgleisungen und damit offensichtliche Fehlschläge zu vermeiden. Nachdem die Wissenschaft das Lüftungsproblem tiefer durchdrungen und die Zusammenhänge von Arbeitsklima und Arbeitsleistung eingehend untersucht hat, ist die Lüftungsfrage auch für den „Normalarbeitsraum" heute keine technische Spielerei mehr, sondern eine ernste Aufgabe, die jeder für die Gesundheit und das Wohlergehen seiner Gefolgschaft besorgte Betriebsführer mit an erster Stelle zu prüfen und den Betriebsverhältnissen entsprechend durchzuführen hat.